Gil Robles
Manuel Fraga Iribarne

ESPAÑA:
UNA MEDITACIÓN POLÍTICA

PSOE Partido Socialista (Obreros) Españoles

La Democracia es cosa nuestra

ETA: (terrorists)

PNV – partido moderadamente nacionalista vasco

AP Alianza Popular

PC – partido comunista

U.C.D. Unión de Centro Democrático

ariel quincenal

JOSÉ LUIS L. ARANGUREN

ESPAÑA:
UNA MEDITACIÓN POLÍTICA

EDITORIAL ARIEL, S. A.
BARCELONA

ariel quincenal

Colección fundada por
ALEXANDRE ARGULLÓS y JOSEP M. CALSAMIGLIA

Director:
ANTONIO PADILLA BOLÍVAR

Cubierta: Rai Ferrer («Onomatopeya»)

1.ª edición: febrero 1983

© 1983: José Luis L. Aranguren

Derechos exclusivos de edición en castellano
reservados para todo el mundo:
© 1983: Editorial Ariel, S. A.
Córcega, 270 - Barcelona-8

ISBN: 84-344-0840-6

Depósito legal: B. 3.121 - 1983

Impreso en España

NOTA PRELIMINAR

Este libro acaba justo cuando comienza una época nueva y esperanzadora de la política española. Comienza —Capítulo I— con palabras escritas y dichas a raíz misma del triunfo del PSOE en las elecciones y continúa con una ordenada y refundida compilación de artículos publicados entre 1979 y 1982 en El País con tres importantes excepciones: una conferencia no impresa, «Comunidad, lenguaje y uso litúrgico del euskera»; fragmentos de otra conferencia incluida en el libro colectivo Terrorismo y sociedad democrática, incorporados aquí en el subcapítulo «Juventud, guerra, revolución», y «La moral militar», aparecido en la revista Tiempo.

I

REFLEXIÓN DESPUÉS DE LAS ELECCIONES DEL 28 DE OCTUBRE DE 1982

EL CAMBIO O LA DEMOCRACIA COMO MORAL

La vida colectiva, como la vida individual, posee una estructura o, mejor tal vez, la recibe: la Historia es una invención humana y somos los hombres, y particularmente son los historiadores, quienes la dotamos de una configuración. E, igualmente, una y otra se dividen, son divididas en distintas etapas, mediante las cuales se introduce el elemento estructural en la sucesión del tiempo, en la diacronía. Infancia, adolescencia, juventud, madurez, vejez y, asimismo, Edades Antigua, Media, Moderna, Contemporánea. El tránsito de cada etapa a la siguiente se marca o señala con los correspondientes «ritos de pasaje». Éstos varían a lo largo del tiempo, y a las antiguas ceremonias de proclamación de los reyes han sucedido, al menos parcialmente, los rituales democráticos. Las elecciones del 28 de octubre de 1982 son el rito de pasaje que, para abrir este libro, y que siga evocándose a lo largo de él, vamos a analizar aquí.

Ante todo, ¿qué ha elegido el pueblo español en el cumplimiento de este ritual democrático? Ya lo decía, hasta el punto de que fue su lema, el

partido político triunfador: el *cambio*. Cambio
que se sitúa entre la revolución —en la que nadie
piensa— y el continuismo, mínimamente reformista de la etapa anterior, que, tras el 23 de febrero, involucionó sumiéndose en la indecisión y la
desgobernación. La transición que UCD representó
era obviamente una fórmula transitoria que re-
clamaba renovación. El estancamiento en aquélla
tenía que producir, como efectivamente produjo,
la descomposición, es decir, la desintegración de
UCD. *Cambio* significó, pues, en primer término,
salida de ese estancamiento, de esa descomposición. El triunfo del PSOE ha sacado, y puede y
debe seguir sacando al país, del desencanto, pero
no le ha levantado hasta el entusiasmo. Ha abierto
a los españoles a la esperanza, nada más y nada
menos. Esperanza, según los viejos catecismos,
virtud teologal, pero, en nuestro caso, virtud moral. Se ha subrayado el sentido ético de toda la
campaña electoral del partido vencedor: morali-
zación de la vida política y pública toda o, como
a mí me gusta decir, *democracia como moral*. Por
primera vez, salvo el paréntesis de la II República,
los moralistas de nuestro tiempo, como también
los he llamado muchas veces, es decir, los intelectuales, un grupo de intelectuales de aquí y de allá,
de Cataluña, de Granada, de Salamanca y de Pa-
lencia, quizá de otros lugares de España también,
van a formar parte, en tanto que intelectuales y
no con otro título, de las Cortes españolas. ¿Sig-
nificará esto el comienzo de un nuevo regenera-
cionismo, de un movimiento interclasista que pre-
tenda hacernos a todos los españoles, sin distinción de clases, «justos y benéficos»? El sermón o

10

predicación en que ha consistido la campaña electoral del PSOE y el «carisma moral» con el que se ha ungido a su líder podrían hacer temer una confianza excesiva en el tránsito del «ser» al «deber ser» o, mejor, a la inversa, la fácil conversión del «deber ser» en el «ser». La política debe ser moral, pero tiene que ser —por desgracia y por oficio de los políticos— «realista» también y, por supuesto, eficaz. ¿Podrá ser eficaz la política del nuevo gobierno? La respuesta a tal pregunta llegará cuando este libro esté ya acabado.

El cambio demandado en las elecciones ¿implica intrínsecamente, como se ha interpretado a la vista del ascenso de AP, la *bipolarización*? Yo no lo creo así. Pienso que, al perder fiabilidad el centro, los votos —votos «útiles»— se han repartido entre el PSOE y AP. Mas, ¿por qué ha perdido fiabilidad el centro? El centro, y quienes lo inventaron, Torcuato Fernández-Miranda, Adolfo Suárez y sus seguidores, se constituyó *para* la transición, y hoy vemos que, así constituido, no podía servir más allá de ella. Si a esto se agrega su escisión en dos, se comprende plenamente su hundimiento. Esa escisión produjo la disociación entre la *imagen* (que se llevó Suárez) y el *aparato* (que quedó en poder de UCD); y ya se ha visto que, juntos, sin valorar, porque no es posible —el *todo* es superior a la *suma* de las *partes*—, la indudable potenciación de un centro presentado unido, habrían duplicado sus escaños. Mas lo importante no es esto: lo que ha demandado el electorado español es un centro *nuevo*, y no la continuación del montado *ad hoc* por conversos del Movimiento.

En el margen superior, manuscrito: *España de hoy es centrista*

En el margen izquierdo, manuscrito vertical: *Esperanza no entusiasmo*

La comparación con la II República

¿En qué me fundo para estar seguro de la demanda social de ese centro? Pura y simplemente en que *la España de hoy es centrista*. Me explicaré a través de una comparación de la situación actual con la de los años 1931-1936. He hablado antes, con referencia al resultado de estas elecciones, al 29 de octubre, de esperanza, y no de entusiasmo. Y el día mismo de las elecciones tuvo el ambiente de un apacible día de fiesta ordinaria. El 14 de abril fue, por el contrario, una explosión de entusiasmo. La España de entonces era un país subdesarrollado que, por arte de encantamiento, habría de transformarse en la República de trabajadores de todas clases que traería la felicidad. La España de 1982 se parece poco, desde este punto de vista, a la España de 1931 o de comienzos de 1936. La sociedad española es ya una sociedad desarrollada, por artificial y, pienso yo, por aparencial que sea, en muchos aspectos, su desarrollo. Los españoles son conscientes de ese cambio social que protagonizan cada día, desde hace años, en su estilo de vida, llámese «aburguesado» o del modo que se prefiera. Con el ingreso de España en la sociedad neocapitalista de consumo se ha producido, pues, un *cambio de sociedad*. Y el marxismo, por su lado, en tanto que doctrina, se encuentra en crisis. (De la que saldrá como un neomarxismo que, quizá, ni siquiera se llamará ya así, o no saldrá, y ésta es cuestión que no corresponde tratar aquí.) El PSOE *era*, durante la

12

República, a su modo más bien elemental, marxista. Desde la famosa dimisión y reelección de Felipe González no lo es ya: al *cambio de sociedad* se ha hecho corresponder un *cambio de programa*. Sigue habiendo marxistas dentro de él, jóvenes algunos, viejos, reliquia tan venerable como valiosa, los más, pero la inmensa mayoría de sus votantes actuales están en otra cosa. El voto al PSOE ha sido un voto joven, más joven de espíritu que, necesariamente, de edad, animoso, esperanzado, progresista, europeo, modernizador y, no menos, tranquilo, sosegado, pacífico, que pide honestidad pública, el comienzo de unas incompatibilidades que quiten esa piedra de escándalo de una situación muy grave de paro, remedien éste en cuanto sea posible dentro de una economía satélite, y, en cuanto no, afirmen, con hechos, la solidaridad entre todos los españoles.

Durante los años 1931-1936, democracia era sinónimo de república y, más bien que en el límite, allende él, en la utopía, así es: la utopía de la democracia es la democracia directa, o, cuando menos, máximamente participatoria, va más allá de una concepción hereditaria de la legitimidad, y aun de líderes y de partidos políticos. En cambio, ahora, más modestamente, nos conformamos con una democracia que signifique, como dicen, acatamiento a la Constitución. En diversas ocasiones he criticado, por decimonónica, esta creencia en un «texto» y en la «salvación», casi como de fe bíblica, por él. Pero, por lo menos durante el siglo pasado, la ingenua mística que aureolaba cada Constitución hacía esperar de ésta el remedio de todos los males y el advenimiento de todos los bienes. Aquella fe, perdida ya para siempre, en el político «hacer cosas con palabras», entusiasmaba a las gentes. Hoy se quiere —y puede lograrse o se ha logrado ya, lo veremos en el capítulo siguiente— otra concepción de la Constitución, Constitución *real* y no meramente *textual* (paralelamente a como se quiere una democracia real y no meramente nominal o formal), una Constitución que lo sea en el sentido propio de la palabra y que, en cuanto escrita, no haga sino manifestar la estructura política profunda.

Al maximalismo democrático de entonces —igual que a su entusiasmo— corresponde el posibilismo democrático de ahora (y la esperanza no entusiasta). La Monarquía, como veremos en el capítulo siguiente, fue pieza clave de la transición y así, por eso mismo, se ha constituido en lo único que de aquélla permanece. La diferencia situacional es radical. Y la conceptual, pese a ciertas apariencias, también. Empezando por éstas, el líder de la derecha de entonces, José María Gil Robles, hablaba, con lenguaje escolásticamente fundado, de la «accidentalidad de las formas de gobierno». Pero como entonces, según se ha dicho ya, democracia significaba república y república democracia, se situaba saliéndose o sin haber entrado, sin querer entrar del todo, en la República-*Democracia*. Nuestro concepto actual de la democracia es posibilista, condicionado y situacional. Entonces, los demócratas estaban inequívocamente en la República. Hoy son los demócratas quienes están, más de verdad que nadie, *en* la Monarquía como forma de democracia posible *hic et nunc* —lo que no quiere decir que se hayan conver-

14

tido en abstracta, cuasimetafísicamente monárquicos; en tanto que los antidemócratas están saliendo, o han salido ya, de la Monarquía.

Desde este último punto de vista, la figura de Manuel Fraga Iribarne se corresponde estrictamente con la de José María Gil Robles. Fraga, igual que Gil Robles acataba la República, acata la Constitución..., decidido a modificarla y quién sabe si, como aquél, según sospechaba la izquierda, a derrocarla, a derogarla, aunque ya necesariamente, dados sus compromisos y tomadas sus distancias, sólo por el procedimiento del «golpe blando» (en la medida en que el comportamiento de Manuel Fraga sea racionalmente predecible y sometido a racionalidad). El equívoco, la ambigüedad, constituían la plataforma política de Gil Robles y, por paradójico que parezca en ser tan elemental —pero no olvidemos su «gramática parda»—, constituyen la de Fraga. No es aventurado pensar, tras su pasado político entero y sus actuales justificaciones del golpismo, que Fraga no es un auténtico demócrata. Pero en su partido, o por lo menos entre sus aliados del PDP, hay demócratas, y esto y la falta de alternativa ha empujado a una parte considerable del electorado a votarle. Y por eso precisamente, es decir, por un lado porque pienso que Fraga, igual que Carrillo, es un líder viejo que necesita ser sustituido (pues, a diferencia de Gil Robles, es ya demasiado viejo para convertirse de verdad a la democracia), y, por otro, porque no todo su electorado es «fraguista», es por lo que creo que tampoco por el lado de AP tiene que darse necesariamente la bipolarización. Y que, en suma, me parece que AP puede y debe

AP should

civilizarse, es decir, convertirse en una «derecha civilizada».

Falta haría esa *civilización* de la derecha que, alejándose del extremismo, se correspondería con la desaparición del *espíritu revolucionario* en la izquierda. Y seguimos con nuestra comparación histórica: a diferencia de lo que ocurría durante la República —recordemos octubre de 1934—, la *entonces* izquierda no es ya revolucionaria y, como vimos el 23 de febrero, ni siquiera se levanta en gesto de lucha y legítimo ejercicio de la fuerza contra la violencia golpista de la reacción; pero, a semejanza de lo que ocurría entonces, la derecha, una parte de la derecha, sigue siendo golpista. O, dicho en *ahora* otros términos, la izquierda, la mayor parte de la *izquierda* izquierda, no es ya, o no es sino con muchas reticencias y salvedades, marxista. Pero una gran parte de la derecha sigue siendo franquista. Ésta es, pienso yo, la realidad del panorama político español.

¿VAMOS HACIA UNA SOCIALDEMOCRACIA?

La izquierda no es ya plenamente marxista, porque tanto el modelo comunista como el marxista-estatalista de las «nacionalizaciones», han perdido vigencia social. La izquierda está siempre evolucionando; la derecha es difícilmente capaz de hacerlo. Entonces, ¿es que el PSOE, Partido Socialista (Obrero) Español, no es ya socialista? No, en el sentido propio de la expresión; el socialismo no constituye ya su identidad. ¿La constituirá entonces la socialdemocracia? En cierto modo, sí, pero en el modo que más nos importa subrayar aquí, porque es el que constituye la esperanza de sus votantes y la mía propia, no. Sí, en cuanto a lo que, con alguna connotación peyorativa, hay que llamar su ideología, la ideología que se ha superpuesto a la antigua fe socialista. ¿Hasta sofocarla? Esperemos que no. Ahora, cuando, según veíamos más arriba, se ha disuelto la identidad del proletariado (por eso escribía hace un momento entre paréntesis la palabra «Obrero» del PSOE) y se da un aburguesamiento general, somos muchos entre los que hemos nacido burgueses y aquellos a quienes la sociedad de consumo ha vuelto burgueses, los que querríamos escapar a ese encuadramiento. Entiendo muy bien que los principales líderes del PSOE rechacen ser socialdemócratas. Socialdemócrata-y-burgués, enteramente burgués, tendrá que ser, en la medida en que subsista, y le guste o no a Francisco Fernández Ordóñez, el PAD. Yo creo que se está intentando recuperar, para desidentificarse de ella, la acepción premarxista, en cierto modo romántica —aquella del «¿quién que es no es romántico?»—, de la palabra burgués. Los genuinos votantes del PSOE están, como todos, «aburguesados», pero en el sentido que daban los románticos a esta palabra, y de acuerdo con ellos, no quieren ser poseídos por el «espíritu burgués». Nos acercamos a Europa y un día, ingresados en el Mercado Común, seremos acabadamente burgueses. Todavía —no hay mal que por bien no venga— hay, puede haber, una nota diferencial en los españoles: ese ímpetu a la vez vital y moral, esa esperanza y esa insatisfacción del presente que nos hacen no vernos a nosotros mismos como «socialdemócratas». Es por el filo mismo entre el socialismo, hoy imposible, y la socialdemocracia, hoy demasiado prosaica para quienes todavía conservamos dentro de nosotros mismos el rescoldo de la lucha contra el franquismo y la pasión de la lucha por sí misma, por donde tendrá que pasar y seguir adelante la política del nuevo Gobierno. Política que tendrá que legitimarse, según lo que estoy intentando decir, no en una nueva ideología entre la socialista y la socialdemócrata, sino en una *transideología,* en una superación apasionada, vital y moral de esa dicotomía. Y es, por tanto, en el plano de la praxis política, y no en la mera teoría, donde habrá de realizarse la originalidad de tal superación.

Ésa es la gran tarea. Junto a ella, esperan tareas menores, y algunas muy menores, pero de importancia en la Era de la Imagen y, con ella, también de esas imágenes secundarias que son los Logotipos y los Nombres.

Los gobiernos de la transición han sido tan continuistas y tan poco reformadores que, por no cambiar, no han cambiado ni siquiera los Nombres: Calvo Sotelo, su cónyuge Ibáñez Martín, Arias Salgado por parejas y tantos más. Conocida es la palabra evangélica, dicha al propósito de justificar el obsequio a Jesús de lo que se podría haber destinado a aliviar la suerte de los pobres, palabra según la cual «siempre habrá pobres entre vosotros», en tanto que él, Jesús, peregrino por este mundo, pronto se ausentaría de él. Desgajada de su contexto, este dicho, «siempre habrá pobres entre vosotros», se convirtió en máxima por los

18

defensores del «orden establecido», como supuesto anuncio divino de que la desigualdad económica siempre habrá de subsistir. Y, replicando a
aquéllos y completando la sentencia, Eugenio
d'Ors escribió: «Sí, pero que no sean siempre los
mismos». Pues bien, la tarea menor, ciertamente,
pero que tiene su importancia, es la de que nuestros gobernantes y, en general, los que ostenten
cargos públicos, no ostenten los mismos Nombres
del franquismo, *no sean los mismos.* (Si la oposición consiguiera otro tanto, miel sobre hojuelas.)
Eso, en la cúspide, ya se ha conseguido: el próximo inquilino de la Moncloa no será ya un miembro de la, llamémosla así, aristocracia franquista;
ni tampoco un *parvenu* del Movimiento. Lo será
un matrimonio todavía joven, de clase media, modesta en su origen, cuyos Nombres son Felipe González y Carmen Romero, Nombres enteramente democráticos, y cuya Imagen responde enteramente
a esos Nombres. Que el nuevo inquilino no se en-
cierre, como sus predecesores, en la Moncloa, sino
que se mantenga en permanente contacto democrático con su pueblo es, después de haberle votado, el voto que hace, por él, la izquierda democrática española.

II

MONARQUÍA Y DEMOCRACIA

LA CRUZ DE LA MONARQUÍA

Hace unos 10 años se me pidió colaboración en una serie de libros que consistirían en trabajos de dos autores, en favor y en contra, respectivamente, del tema del que en cada volumen se tratara, por lo cual todos ellos habrían de llevar como común comienzo del título el de «Cara y cruz de...» lo que en cada caso fuere. El tema que a mí se me ofreció —o que yo elegí, no recuerdo bien— fue el de la Monarquía. ¿Para hablar en pro, para hablar en contra? Desde el primer momento lo vi claro: no en favor, pero tampoco en contra; me acogería a la simbólica significación primera de la palabra «cruz», la del peso y dificultad de sobrellevarla, la del sacrificio y los sacrificios que impone; y también —en versión secularizada del símbolo, reducido a metáfora—, la del lastre o peso muerto. Escribí el medio-libro, la parte que me incumbía, pero no encontramos la persona que a mí me pareciera adecuada para la otra mitad, por lo cual, tras medio año de inútil búsqueda, y en 1974, publiqué, solo, mi propio original, bajo el título de *La cruz de la Monarquía española actual.*

Desde la tarde del día 23 de Febrero se han puesto muy en evidencia los dos sentidos, meta-

23

fórico y simbólico, de la cruz de la Monarquía: el lastre que sobre ella pesa de los «monárquicos», militares en primer término, civiles tras ellos, que usaban nada en vano, sí en falso, el nombre del Rey; y el peso terrible, casi insoportable, que, en una dicen que democracia, con una clase política, un Parlamento y un Ejecutivo que, por desgracia, no habían logrado ante el país confianza y crédito suficientes, tuvo el Rey que asumir, en la soledad de una noche angustiosa, el peso de la defensa de la Constitución. Galdós y otros, yo mismo, nos hemos burlado de nuestro siglo XIX, buscando afanosamente «la más perfecta de las constituciones posibles». Pero en la noche del 23 al 24 no se trataba de eso. De lo que se trató fue de que, por fin, aquel «papel», *juego* y nada más —como lo llamé en vísperas de su promulgación— al que habían jugado, como niños, sus redactores, bajo la mirada tolerante del «poder real» (que no regio), pasase o no a convertirse en *realidad*. Y eso es lo que logró el Rey: la defensa de la Constitución que, con una u otra fórmula protocolaria, él sintió que había *jurado*. Y, al defenderla, él mismo comenzó a hacer real la democracia. Que llegue a serlo del todo es ya cosa nuestra.

El rey -
la defensa de la
Constitución
el rey comenzo a hacer real
la democracia

DEMOCRACIA, MONARQUÍA TRADICIONAL, REPÚBLICA

En las sociedades primitivas, la nuda fuerza y la destreza eran poder; el jefe de los cazadores fue, se llamara así o no, el primer rey; el jefe de los guerreros, el segundo rey. Tras estos sistemas primitivos, se atribuyó carisma religioso a toda la dinastía del caudillo convertido en rey, el cual, y lo mismo sus sucesores, una vez celebrado el rito de la consagración, se vería asistido, por «gracia de estado», de la prerrogativa de conducir a sus súbditos por la vía del bien común. Así pues, la institución monárquica no pertenece en su origen al estadio de la democracia racional sino al del carisma institucionalizado, transmitido por tradición. Es claro que no por eso carece de cierta racionalidad propia, de carácter instrumental. Para mí el más poderoso argumento en pro de la monarquía es el de Pascal: sustraer el poder supremo a las ambiciones encontradas de los poderosos. Aquí, como en los casos-límite de la docimología, puede ocurrir que confiarse a la suerte sea más racional que decidir en favor de tal o cual candidato, el cual, encaramado en la suprema magistratura, puede entregarse a su «voluntad de poder», sucumbir a la tentación de la «soberbia de la vida». Por el contrario, el nacido rey, y vitaliciamente tal, puede estar vacunado contra esa delirante enfermedad. Y además, la monarquía puede poseer una racionalidad circunstancial.

Frente a los sistemas premonárquicos y monárquicos, la voluntad popular, esto es, la democracia, supone un salto cualitativo en el proceso de humanización racional. Pero la democracia, de Atenas acá, va realizándose lentamente, al paso de la conquista de una ciudadanía no sólo de derecho (derecho de voto, etc.), sino también de hecho: la mayor parte de los ciudadanos, en la realidad no lo son, unos porque no quieren —les es más cómodo hacer dejación de su personalidad política—, otros porque no pueden. La democracia es un largo y difícil proceso de democratización, dentro del cual hoy habremos llegado, a lo sumo, al tránsito del gobierno por «los pocos», al gobierno por «los muchos», estando lejos, todavía, del gobierno por todos. O, dicho de otro modo: la democracia es un «modelo ideal» y una invención cultural. Que gobiernen los más fuertes es *lo natural*. Que gobiernen los ungidos es lo sobre-*natural*. Que gobiernen los gobernados mismos es lo no-*natural*, esto es, lo *racional* y *cultural*, lo moral. Por eso es tan difícil ser demócrata.

La República española de 1931 quiso serlo plenamente: democracia plena. La democracia «ideal» es incompatible con la institución monárquica. Por eso, la República se instauró en ruptura completa con el régimen anterior. De ahí que hoy, en mi opinión —en contraste con la del profesor Juan Marichal en una excelente exposición que yo tal vez malentendí—, no sea posible la recuperación del proyecto democrático republicano en España. Mi intención aquí —supongo que es innecesario aclararlo— no es, al introducir la pa-

democracia es un "modelo ideal"

labra «recuperación», comparar regímenes. El régimen presente no nació democráticamente, pero podrá, tal vez, ir ganando democracia; el régimen republicano murió no-democráticamente, pero con las responsabilidades, cuando menos por error, de quienes democráticamente lo instauraron. Lo que me importa en esa palabra es su implícita significación bifronte, ambivalente. «Recuperación» connotaba, para el querido amigo Marichal, nostalgia, una nostalgia idealizadora de aquella democracia republicana; pero connotaba ya, también, una optimista esperanza en esta monárquica democracia. Y por eso veo yo en la figura del historiador de Azaña, del profesor de Harvard, como la personificación del tránsito del «espíritu de la República» y de los demócratas «históricos», a la asunción de una nueva, muy difícil, problemática, incluso contradictoria democracia monárquica, por parte de los republicanos.

Pero la República y sus históricos partidarios que la sobreviven, en cuanto que lo sigan siendo, sí que han entrado ya en la Historia. Lo que venga después de este régimen, no podemos saberlo. Pero aun cuando, más pronto o más tarde, fuera la República, no vendría a «recuperar» aquélla, sería *otra* República. El franquismo favorecía la nostalgia. La actualidad, al plantear los problemas en un contexto totalmente diferente, cancela toda nostalgia. (Salvo la del franquismo, para la ultraderecha.) En adelante, para las gentes de izquierda, será menester vivir sólo en la esperanza. Aunque sea contra toda esperanza. Un período de la historia política de España ha quedado definitivamente clausurado.

La «democracia» actual no sólo advino en continuidad y acuerdo formal con la legalidad franquista, sino que no habría advenido —pues nadie derribó aquel régimen— de no ser por la existencia, en la transición de uno a otro sistema, de un elemento esencial: el poder simbólico del Rey, lo que él significa, lo que trasciende imponderablemente su exiguo poder real, ha sido la pieza clave de la transición. El título de mi librito *La cruz de la Monarquía española actual* —citado ya— ha de ser tomado en la polisemia de sus significaciones: cruz como el reverso de la cara, como la originaria falta —el «pecado original», si se quiere ser retórico-teológico— de esta democracia (o lo que quiera que sea). Cruz también de quien ha tomado sobre sí esa carga, de quien ha hecho suyo ese pecado con el fin de hacer posible esta precaria y siempre amenazada democracia. Cruz, en fin, en el sentido según el cual la democracia plena —*hic et nunc imposible* (?)— sólo puede ser republicana.

Sin embargo, el Rey, para bien o para menos bien, la historia lo dirá, ha sido hasta ahora la *persona-clave.* Pero ha habido también la *palabra-clave,* una palabra que también trasciende, y con mucho, su uso por los políticos del régimen de la transición. Es la palabra «consenso», en la impropia acepción que ellos, los del «arte de lo posible», le han dado, es decir, transacción, compromiso en el que se han visto envueltos. Ciertos analistas políticos han puesto de relieve el *modus operandi* de pacto minoritario y cuasi conspiratorio, acordado por el gobierno de UCD y los líderes de la oposición, sin contar con la nación y ni siquiera con las Cortes, de la política española de estos últimos años. La palabra «conspiratorio» es más adecuada de lo que, literalmente, se pensaría. Los que fueron franquistas y nos seguían gobernando difícilmente aprenderán el estilo democrático; pero los que no lo fueron, lucharon tantos años «conspiratoriamente» contra el franquismo, que ha de costarles trabajo desprenderse de sus viejos hábitos.

La monarquía no es compatible con el *ideal* de la democracia, pero sí con el proceso *real* de una progresiva democratización. La monarquía democrática, como —según hemos dicho ya— la democracia misma, es una *invención* racional, cultural, moral. Y, sin embargo, el monarca es un ser humano, tan débil —o tan fuerte— como cualquier otro, tan expuesto a las tentaciones, temores y flaquezas como los demás. ¿Cómo, entonces, garantir la democracia de su gestión?

Una posibilidad, la de cada día, la normal, consiste en su sometimiento a lo prescrito en la Constitución y, consiguientemente, la pura *formalización* de su gestión. El rey reina pero no gobierna. El rey tiene que hacer todo y sólo lo prescrito en la Constitución.

La actual Constitución española no surgió, sin duda porque no era posible al no haberse producido la ruptura con el régimen anterior, de un auténtico *proceso constituyente*, sino que fue elaborada, en un constante tira y afloja, por las fuerzas políticas representativas. La constitución real del país, mientras los parlamentarios redactaban la «papela» llamada Constitución, era la de una estructura (o constitución) política consistente en la *unidad Monarquía-Ejército*, poseedora de la soberanía de hecho. A partir del 23 de febrero de 1981, esa unidad, si no llegó a romperse enteramente, fue sentida por el pueblo como quebrada, y su reacción fue la multitudinaria manifestación del 27 de febrero. Desde aquel momento, la estructura unitaria *Monarquía-Ejército* fue incoativamente reemplazada por la estructura unitaria *Monarquía-Pueblo*, que se imponía al Ejército para deber ser aceptada por éste. Cuando su promulgación y hasta el 23 de febrero, la llamada Constitución no había sido —aparte lo que tuviera de ordenanza supermunicipal— más que una de tantas piezas del *juego* del Parlamento. A partir del 23 de febrero, la Constitución empezó a ser *realizada* y *vivida* como tal por los españoles. El 27 de febrero significó el tránsito de una democracia meramente delegada a una *democracia participatoria*. No sé, ni siquiera aún, si los políticos profesionales lo han entendido así. A veces, pienso que no. Pero es así. Los políticos del 23 de febrero internalizaron el miedo y, desde ese punto de vista, se ha podido decir que el golpe no fracasó, sino que triunfó; a lo que cabe agregar que también el pueblo, para salir del sentimiento de orfandad en que quedó tras la acción golpista, trató de asir-se al clavo frío del escrito constitucional. Pero el punto de vista que aquí se sustenta es otro: a partir de aquel bochornoso atropello, que, paradójicamente, no dudo en calificar de acontecimiento, con la *realización* de la Constitución se han sentado las bases para salir de la heredada incultura política y para entrar en una cultura política verdaderamente viva.

La Constitución pareció ser «establecida» por los políticos. Pero ya hemos visto que no. Que se trató de la mera apariencia o del juego a escribir una Constitución. Sólo al ser quebrantada por los golpistas, ha empezado a ser hecha suya por los españoles. Y no como constituida sino como *constituyente*.

LA INVENCIÓN MONÁRQUICO-DEMOCRÁTICA Y LA FIGURA DEL REY

EL REY - REINA - NO GOBIERNA

Hay ocasiones en las cuales no es, como pensaron Carl Schmitt y Donoso Cortés, que la Constitución deba ser teleológicamente suspendida, sino en las que, de hecho, como ocurrió en la jornada del 23 al 24 de febrero, aquélla es violentamente atropellada. Se trata entonces de una *situación-límite*. ¿Cómo encararla? La mayor parte de los comentaristas del «incidente», como con pseudo-tranquilizador eufemismo se le denominó oficialmente durante las primeras horas, consideraron la cuestión desde un punto de vista *psicologista, panegirista* y, sin confesárselo, *soteriológico*: el Rey, con su entereza y su capacidad de inmediata decisión, salvó la democracia y es, pues, una persona en la que el país puede y debe confiar. (Según otras interpretaciones, como se atrevieron a insinuar los amigos de los golpistas —y éstos reafirmaron en el juicio—, el rey se habría vuelto atrás de un acuerdo, más o menos tácito, con ellos. O, según otros rumores que miméticamente se fueron extendiendo más y más, el acuerdo, el arreglo, el pacto, se habría producido, ya que no, o sólo indecisamente, antes, sí *después* y, por tanto, la espada del Ejército-Damocles estaría pendiente sobre la democracia.)

23-24 febrero

No cabe duda de que, a partir de su triunfo de aquella noche, otro hombre, en lugar del Rey, podría haber sentido la tentación de, convertida su autoridad simbólica en poder fáctico supremo, aunar en sí simbolismo y facticidad y ceder al carisma del que se habría sentido ungido. Pero el Rey no aspira al cargo de Salvador vitalicio de la Democracia y, por eso, el día 24 habló, como lo hizo, a los dirigentes de los cuatro principales partidos políticos. El Rey no quiere su sacralización. Sencillamente hombre, quiere esquiar, navegar, gozar, vivir y también, por supuesto, desempeñar bien su oficio de reinar, pero no salvar, y ni siquiera gobernar. No, no ha salido en nada a su preceptor supremo, Franco. Por eso hay que andar con cuidado al hablar sobre él. Acercar la figura humana del Rey al pueblo está muy bien y Francisco Umbral lo entendió perfectamente así cuando, sobre el hallazgo por *Cambio 16* en un concurso nacional de redacción infantil acerca del Rey, destacó como perfecta la definición de que es «alto, bueno y mataosos». Sin derramamiento de sangre, ciertamente, mató algunos osos. Pero su misión no es andar matando osos cada día. Su misión no puede ser la de convertirse en la Providencia de España. El Quevedo de la *Política de Dios y gobierno de Cristo*, como a Felipe IV, así se lo pediría: que, sin descanso, vele continuo al cuidado de su pueblo, que se desviva y, como Cristo, muera por él. No. Pasó ya la época del *absolutismo del cuidado*, mucho más noble, sin duda, que el *absolutismo del poder* pero, en fin de cuentas, paternalista y no democrático. Y, pues que estoy en vena de citar a mi amigo Umbral, recuerdo ahora aquella conversión en símbolo de leve y ocasional desmayo de la Reina para pedir, en la misma línea de lo que vengo diciendo, que no sea ella sometida a desmayo diario y que la libertad se convierta en bien que los españoles *se tomen*, y no sea breve paréntesis que dure lo que «suspiro o desmayo de reina». (Advierta el lector que no estoy preconizando la *institucionalización* de la libertad, sueño de los burocratizadores de la existencia; me conformo con la libertad para tomársela.)

Una concepción no soteriológica sino verdaderamente democrática de la monarquía, sin poner en cuestión las calidades psicomorales del Rey, ha de considerar la cuestión desde un punto de vista *sociológico* o *psicosociológico* y, por supuesto, *político*. El Rey asumió un *rol*, un papel, el de rey demócrata. No lo tuvo desde el principio. Al comienzo desempeñó el de «Príncipe de España». Luego, y antes que rey, fue capitán general. En seguida, rey para la transición a la democracia. Finalmente, rey constitucional. Decía yo antes que la democracia es una invención. También el rey, el papel de rey demócrata o constitucional es una *invención político-cultural*. Y por eso, más que escudriñar en la psicología de Juan Carlos, en sus intenciones o en sus conversaciones privadas, lo que importa es la asistencia democrática a su rol, a su papel. Cada uno de nosotros somos operativamente —no entro aquí en cuestiones metafísicas— el papel que representamos. Ese papel no lo elegimos arbitraria ni solitariamente, sino que viene condicionado, si no dado, por los demás y por el espejo que ellos nos tienden para que nos miremos en él. El Rey, actor en el escenario nacional, no actúa, como Franco, a teatro vacío, sino ante el público-pueblo del país entero. Lo que él haga, como lo que, con menos trascendencia, hacemos todos, depende de lo que se espere de nosotros. Si un pobre sosias pudo actuar como auténtico y heroico general della Rovere al ser tomado por tal, ¿cómo un rey no va a poder actuar siempre como tal rey? La *apuesta por el rey* no debe tener pues, en régimen democrático, nada de soteriológico. Ha de ser por el contrario, y a la vez, un acto de exigencia y un voto de confianza nacional. Lo demás son mesianismos, psicologismos, o cábalas de «enterados».

El sacudimiento o sacudimientos de la última semana de febrero sacó al país, esperémoslo, del pasotismo. (Pues ni siquiera el pasotismo es posible sin libertad, con dictadura.) Pero la democracia es empresa, no de una semana, sino de todos los días del año. Y no de la clase política, sino de todos los ciudadanos. (La manifestación del día 27 fue el primer gran acto democrático de lo que, hasta entonces, apenas era más que postfranquismo y, a lo sumo, reforma de él en continuidad con él.) La *letra* de la democracia se escribió en el texto de la Constitución. Sin exagerar puede decirse que sólo entonces es cuando la *sangre* de la democracia empezó a correr por las venas de España. Que no se detenga es tarea que no toca al Rey y que no podemos dejar en manos de los políticos, porque nos incumbe a todos. La democracia es cosa nuestra.

35

III

CATALUÑA Y ESPAÑA

¿DESENCANTO DE CATALUÑA?

Supongo que ser nacionalista y que, al fin, llegue la «nación» o, para no escandalizar —lo que también enfría—, llegue la «nacionalidad» a ser una realidad —más o menos regateada—, cuando pasó ya la era de los nacionalismos y en plena crisis económica, tiene que ser un hecho más bien decepcionante.

En la época post-romántica, cuando podía pensarse, sacralmente con Torras i Bages, que Cataluña era una «obra divina» o, secularizadamente con Prat de la Riba, que constituía una «comunidad natural», o con el d'Ors en lengua catalana, Ferrater Mora y Vicens Vives, que hay un «carácter catalán», con sus específicas virtudes, se vivía en la expectativa de un Advenimiento. El franquismo, con su represión de la catalanidad, mantuvo vivo el entusiasmo, y el mismo Tarradellas, gran ilusionista, se sirvió de sus títulos genealógicos para montar un gran teatro de Cataluña, que sirviera de transición al nuevo régimen —como Suárez y al revés que Suárez—, con prosopopeya y aparatosidad.

Pero la nueva Cataluña, inundada de castellano-hablantes —para horror de un Vandellós y un Rovira i Virgili, si levantaran la cabeza—, ve puestas en cuestión sus señas de identidad, reducido su espacio político, descapitalizada su industria y desvanecido el antiguo entusiasmo. Hay una correspondencia fiel entre estas circunstancias y la investidura del antiprestidigitador Jordi Pujol como presidente de la Generalitat, un presidente que, según dicen, dormita de vez en cuando —por contraste con los demasiado despiertos— y que, sin literatura, vuelve a su modo, sencillo, modesto, «en bicicleta» —su único deporte, según le he oído decir—, vuelve al *seny* y la *rauxa* de la típica burguesía catalana. Parece que, en efecto, también a Cataluña le ha llegado el desencanto. Es una dolencia esperemos que pasajera y preferible a su tratamiento mediante la triaca máxima, aplicada en el País Vasco por la ETA, del terrorismo sacralizador de la violencia y, como todo Terror, puritano y acérrimo enemigo, con razón desde su punto de vista, del neohedonismo juvenil.

Hay dos obras sobre Cataluña que recomiendo encarecidamente. Una, la edición castellana, muy reducida y todavía voluminosa, del libro de José Antonio González Casanova, *Federalisme i autonomia a Catalunya (1868-1938)*. La otra, el librito colectivo *La nació com a problema. Tesis sobre el cas català*. El libro de José Antonio González Casanova es el mejor análisis de la tensión jurídico-política de los conceptos de catalanismo y foralismo, «provincialismo», federalismo y autonomía, «constitución» y «estatuto». Y, por otra parte, lleva a cabo una aguda crítica del supuesto de «España como nación». España no ha sido nunca una nación, sino una monarquía que ha mantenido unidas a distintas nacionalidades, según

40

nuestro autor. ¿Ha sido cuando menos un Estado? No, sino, más bien, parece pensar González Casanova, al modo de la antigua Roma, un Imperio. Admítase o no esta tesis, es una llamada a la autocrítica *española* que —como la de Juan Linz sobre nuestra multinacionalidad, por lo mismo que procede de un no-catalanista *à part entière* y, en el caso de Linz, completamente ajeno a la emoción nacionalista— reclama vivamente nuestra atención.

Mas también Cataluña demanda su propia autocrítica. ¿Puede continuar haciendo reposar su identidad en un «ser nacional» y una «lengua» no compartidas por la masiva inmigración? Y tocante particularmente a la lengua, ¿no está sufriendo la catalana un cierto estancamiento literario y, lo que quizá sea más grave, un cierto estancamiento de su dinamismo y fuerza de invención coloquial?

Quizá la nacionalidad catalana ha de ser repensada, como por lo demás, según mi tesis, todo, sobre nuevas bases, más culturales que políticas: ni el «politicismo» ni la «clase política» son más que superestructuras, empleada la palabra en acepción, ya se ve, diferente de la marxista. Y, en el otro extremo, la mística, historicista o «natural», no es de recibo ya. Es probable que los catalanes, juntos los de nacimiento y los de «nacionalización», necesiten inventar hoy culturalmente una nueva forma de existencia colectiva. ¿Cerrada sobre sí misma o, más bien, proyectada a España de un lado, a Europa del otro? González Casanova subraya ampliamente la constante vocación política española de los catalanes. (En contraste, podría agregarse, con la vocación indus-

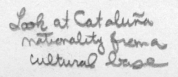

41

trial y financiera, pero no política, española de los vascos desde hace por lo menos un siglo y hasta los últimos años.)

El librito *La nació com a problema* se abre con un lema —al que da réplica adecuada otro de Vicens Vives— consistente en unas palabras de Domènech Martí i Julià, escritas en 1913: «La heterodoxia no cabe en el catalanismo. Catalanista, se es o no se es. Un catalanista heterodoxo ya tiene su nombre: es un españolista». Al lector no le extrañará —cada loco con su tema— que yo diga: no. También el catalanismo, y ahora más que nunca, necesita sus heterodoxos que reflexionen críticamente sobre él y que le hagan moverse histórico-culturalmente, de acuerdo con la marcha y el cambio de los tiempos. Y ahora estoy llamando concretamente «heterodoxia» a la invención de una nueva catalanidad que envuelva en su proyecto de futuro a los unos y «los otros catalanes», a todos los catalanes.

¿Cómo lograr esta invención? La palabra «creatividad» empieza ya a estar gastada, por demasiado vacíamente usada. Mas la cosa, la tarea, la «feina», está aún por hacer.

Todo sigue igual... ¿qué ha mejorado? ¡NADA!

DIÁLOGO CASTELLANO-CATALÁN

[nota manuscrita: como puede enmarcarlo]

La relación de los intelectuales llamados comúnmente, para abreviar, castellanos con Cataluña y los catalanes ha pasado por dos fases, y se espera que entre en una tercera. Los intelectuales —y los no intelectuales— españoles de fuera de Cataluña admiraban en «el» catalán —a estos efectos se empleaba siempre el singular, era el estilo de la época: *el* francés, *el* inglés, *el* alemán— su laboriosidad e industriosidad («de las piedras saca pan») y su espíritu mercantil, pero, en general —con la excepción, en esto ejemplar, de Menéndez Pelayo— ni se le quería ni se gustaba de su habla y su acento. (Recuérdese, por ejemplo, aquella página en la que Ortega describía el desafinamiento que producía, según él, la irrupción en una tertulia madrileña, donde toda pronunciación andaluza era siempre bienvenida, del acento catalán.) Los vascos, en cambio, eran en todas partes cordialmente recibidos; su país y, particularmente, «la bella Easo», era amado por todos los castellanos, y porque, de hecho, ello era así, nunca se consideraron necesarios actos de solidaridad, siempre un tanto convencional, como los celebrados, con respecto a Cataluña, en el final de la Monarquía y comienzos de la República. Por otra parte,

[nota manuscrita: mala contra catalán]

[nota manuscrita: Vasco - cordialmente recibidos]

43

y ya dentro de ésta, las relaciones que culminaron en la promulgación del Estatuto catalán transcurrieron en el plano estrictamente político, y los intelectuales —pensemos en Unamuno, pensemos en Ortega, y en los seguidores de uno y otro— poco o nada tuvieron que ver con ellas.

Tras los duros años de la guerra y los casi tan duros de la inmediata postguerra era casi imposible que se generara un movimiento público en favor de Cataluña. En una de las sesiones del Encuentro de Sitges de diciembre de 1981, Pedro Laín ha contado muy bien cómo surgió, en los años cincuenta, la auténtica amistad intelectual, fundada sobre una estimación cabal de las letras y de los hombres catalanes. Dionisio Ridruejo fue el avanzado en esta nueva actitud, el propio Pedro Laín con él, y otros, yo mismo, entre ellos, tras aquéllos. Pedro Laín nos describía elocuentemente su experiencia de Cataluña y el nacimiento de su amor a ella. Amor intelectual, dotado como se diría, todavía, por entonces, con el lenguaje filosófico de la época inmediatamente anterior, de su propia *intencionalidad* o poder de captación de los *valores*, objetivos, del alma y la personalidad colectiva catalanas, de la *esencia* misma de la catalanidad. Hoy es fácil devaluar como «sentimental» aquella actitud, pero la verdad es que entonces sólo gracias a ella pudo aportarse la base intelectual y cordial de lo que, durante la República, fue apenas una mera superestructura política.

En el inicio de la tercera fase —y el Encuentro de Sitges puede señalar la fecha de este inicio— parece llegada al hora de, sobre la base de este real encontrarnos juntos intelectuales de dentro y de fuera de Cataluña, recuperar, mediante el trabajo intelectual, la dimensión política que hasta ahora, y tanto en la promulgación del uno como del otro Estatuto, se montó al aire de sí misma. O dicho con otras palabras: ésta parece ser la hora en la que se lleve a cabo la síntesis entre el reconocimiento pleno de la *cultura* catalana y las formulaciones correspondientes en el plano *político*. Los intelectuales de habla castellana ciertamente pueden y deben contribuir el esclarecimiento de los caracteres autónomos de la cultura catalana. Mas ¿qué pueden hacer en el plano de la política? ¿Es acaso su campo propio? Creo que, pese a todo, sí. Los intelectuales, por lo general, no hacemos política militante a través del desempeño de cargos públicos, y sólo con muchas reticencias nos adscribimos, o se adscriben, a partidos políticos. Pero la política de ningún modo puede sernos ajena, y nuestra misión, a este respecto, es la de la crítica de la práctica política a ras de tierra y de oportunismos, y asimismo la de propuestas de nuevos modelos de Estado. La cultura no se organiza, simplemente se posibilita a través de una escuela libre y una educación que fomente el espíritu de creación. Pero el Estado, ay, para bien y como mal inevitable, con respecto a cuyo poder se debe estar siempre en guardia, hay que organizarlo. Que esta organización no sofoque sino que, al contrario, promueva la cultura; y que la sangre de la cultura fluya tan libremente como sea posible dentro del Estado e, interculturalmente, fuera de él, es, también, tarea de los intelectuales, tarea catalana y española, nuestra, de todos nosotros.

Los intelectuales de nuestra edad, lo decía bien Pedro Laín en Sitges, hemos aprendido mucho en la cultura catalana. Aprendimos, cronológicamente, antes que de nadie, de Eugenio d'Ors. De él, y de Ortega, aprendimos a desprendernos de una influencia, que podría haber sido excesiva, de los hombres del 98, de Unamuno y su interlocutor Ganivet, con su «dolor de España» y su *Noli foras ire*: *In interiore Hispaniae habitat veritas*, respectivamente. Aprendimos asimismo a amar estéticamente el mando sensible, a ver en el mar, según nos contraponía bellamente Laín, no «muerte», con Jorge Manrique y Antonio Machado, sino, con Maragall, vida y libertad; y aprendimos a distanciarnos irónicamente —en mi caso, lección específicamente orsiana— de nosotros mismos, a desdoblarnos antifanáticamente y a vernos «por de fuera».

«El sentimiento trágico de la vida» no es ciertamente el modo catalán de sentirla y, desde este punto de vista, es aleccionador el contraste, en el modo de luchar catalanes —pese a *Terra Lliure*— y vascos —Unamuno era genéticamente vasco por los cuatro costados— por su respectivo país. La posición extremosa, y muy minoritaria, del querido, antiguo y leal amigo Jordi Carbonell es mantenida sin animosidad alguna, antes al contrario, con estima y afecto, no ya sólo personal sino culturalmente, encareciendo los valores castellanos... que, sin embargo, no admite como suyos. Él fue quien introdujo, en estrecha relación con las expresiones lainianas del amor a Cataluña, la metáfora del matrimonio y el divorcio, metáfora de amor y desamor personal que hizo fortuna, pues a ella replicó Narcís Comadira con el «amor libre», y finalmente Pedro Laín, un poco cansado de las alusiones desagradecidas a su supuesto «enamoramiento» de Cataluña, con el amor simultáneo y compartido a todas las nacionalidades y regiones españolas, o sea, según llegó a decir, «con amor de harén».

Ciertamente, los catalanes se inclinan mucho menos que los castellanos a dramatizar, pero se percibe en ellos una muy explicable obsesión y frustración con respecto a su tema. Y, sin embargo, en los más jóvenes pudo observarse una tendencia a la relativización del problema catalán. (Lo mismo me parece que está ocurriendo, e inquieta mucho a ETA, con las últimas generaciones vascas.) También ellos, quizá, estarían dispuestos a referir a Cataluña la frase escrita por Raúl del Pozo en un artículo del diario *Pueblo*, muy amable para mí, que le agradezco cordialmente: «Al que le duela España, que tome aspirina». No ya el drama y el dolor, sino ni siquiera el conflicto en lo que —reto, desafío— tiene de positivo, parecen motivarlos. Para ellos —Narcís Comadira, Josep Ramoneda—, las diferencias de generación o —Montserrat Roig— las de sexo no son menos importantes que las de «patria». Y la tendencia a la cerrazón en la cultura propia —la «cultureta»— les es ajena. ¿Piensan suficientemente los catalanistas en el hecho de que la *lengua viva* de Barcelona, hoy, está plagada de castellanismos, deliberadamente adoptados y aun buscados? ¿Y en que muchos de sus intelectuales, especialmente los jóvenes, usan indistintamente la lengua catalana y la castellana, para no hablar de los importantes intelectuales catalanes de lengua castellana? A este respecto, es menester poner el problema del bilingüismo, que está lejos de ser un mal sin mezcla de bien alguno, en relación con el nivel cultural. Descendiendo en él, Ignasi Riera nos presentó la actual complicación demográfica de la catalanidad, en un excelente análisis de la inmigración, distinguiendo entre la situación espiritual de los inmigrantes violentamente arrancados de su tierra de origen, sí, pero de la cual conservan el recuerdo, de la situación de sus hijos, ya sin raíces ni recuerdos y mostrando que esta inmigración laboral no tiene nada que ver con la protestataria inmigración funcionarial, ni esta última tampoco con la confortable inmigración empresarial.

Pero el cambio generacional de talante al que acabo de referirme, y dentro del cual me imagino que resulta difícilmente comprensible el gesto, que yo no dudo en calificar de litúrgico secularizado, de resistirse a hablar públicamente en castellano, no obsta a que tanto el problema de la *lengua* —menos el de la cultura, salvo, claro está, en sus esenciales aspectos de vehiculación por la lengua— como el problema *político* sigan en pie y necesiten ser resueltos. La «comunicación de lenguas», para decirlo en los términos secularizados del antiguo lenguaje teológico, y una apertura de las fronteras culturales que haga posible la fecunda interacción (lo contrario de lo que predicara Ganivet y que, por el lado catalán, desearían algunos) son en el mundo de hoy indispensables Pero una política pedagógica que favorezca la pervivencia activa y creadora de la lengua catalana también lo es. A este respecto confieso que me escandalizó la metáfora unamuniana de la espingarda y el máuser, que yo no conocía, y que exhumó en su muy precisa e ilustrativa ponencia Joaquim Molas. ¿Cómo un antitecnólogo del calibre de Unamuno pudo ser tan inconsecuente consigo mismo y tan repentinamente convertido a lo que llamaríamos hoy mera «razón instrumental», como para aconsejar a los catalanes el abandono de su lengua-espingarda y la adopción del máuser-castellano? ¿Cómo pudo, arrastrado por el demonio de la polémica, olvidar su propia consideración de la palabra como la sangre del espíritu, y desconocer que cada lengua, por muchos o pocos que sean sus hablantes, es una genuina e irreductible perspectiva sobre la realidad y, todavía más, creadora de realidad? La lengua tiene que ser *defendida* y liberada, sí, pero, lejos de todo proteccionismo conservacionista, ha de ser también *ilustrada* creadoramente por los propios catalanohablantes. Ellos son, por supuesto, quienes, ante un futuro inquietante, han de mantenerla viva y vivaz.

Mas, como dijo Vicent Ventura, hay en la Península un idioma con Estado y otro, el catalán, sin Estado, lo que nos remite al problema político. Por eso, todos los intelectuales, en la acepción «política» que yo acostumbro a dar a la palabra «intelectual», y aun cuando no seamos politólogos, debemos colaborar, según la medida de nuestras competencias, en esa tarea de la organización de un Estado que —mal inevitable— no sofoque la libertad y la cultura, sino que, al contrario, ampare la una y fomente la otra.

We intellectuals should aid the one & foment the other

REFLEXIÓN FINAL

hay demasiadas autonomía

Con la desaparición de Franco se hizo evidente a todos que era menester atender —aunque fuese tarde y mal— al grave problema de las autonomías reivindicadas por Cataluña y por el País Vasco. Pero a UCD, con el fin de no alarmar a su clientela de franquismo sociológico, no se le ocurrió edulcorante mejor, para hacer tragar esas dos píldoras, que fabricar píldoras de *todas* las regiones españolas: Galicia, el Pueblo Canario, el País Valenciano, Aragón, Andalucía, el País Balear, Asturias, Cantabria, la Rioja, Castilla-León o Castilla y León por separado, la Mancha, Extremadura, Murcia... Y así, artificialmente en muchos casos, no por un impulso genuino y popular de autonomía, sino desde arriba, desde los partidos, desde la clase política ávida de cargos, se suscitó un alocado movimiento centrífugo. Hay que decir que Felipe González fue consciente del peligro y en un principio trató de atajarlo, propugnando la autonomía local o municipal, y que también el PC se condujo a este respecto con moderación. Pero UCD, con increíble irresponsabilidad oportunista-electorera, avaló la fabricación del PSA; en seguida, como ocurre siempre que se obra sin convicciones, quiso volverse atrás, sin acabar de ha-

Unión del centro democrático

Partidos Sociales autonómicos

51

cerlo, pues el PSA le salió aparentemente respondón; y acabó por empeñar a los dos partidos nacionales de izquierda en el mismo juego demagógico de reparto o lotería de autonomías, en algunas de las cuales, en principio, nadie pensó.

Pues en efecto, si nos planteamos seriamente las cosas, pronto veremos que la voluntad objetiva de autonomía es el fruto maduro que se desprende de una realidad histórica, geográfica, antropológica, cultural y —no lo olvidemos, seamos suficientemente marxistas— económica diferencial. Y que cuando la «diferencia» no es suficiente, ni económicamente viable, lo que necesitan imperiosa, urgentemente esas regiones, y en particular las más deprimidas, son planes económicos serios y seriamente aplicados, y no la falaz panacea del apresurado montaje de un aparato político regional con su «clase política» reclutada por los diversos partidos, un minigobierno, unos miniministros, un miniparlamento y unas macroburocracias política y administrativa que, sin disminuir la centralista, antes al contrario, vengan a multiplicar por el número de autonomías, el de los políticos con cargos públicos, el de los funcionarios, el de los llamados, con deliciosa expresión, «gastos corrientes», el del «enchufismo», como en otro tiempo se decía, el del despilfarro del gasto público, del que tan pésimo ejemplo nos ha estado dando, continuamente, el Gobierno mismo.

¿Puede extrañarnos, después de todo esto, la progresiva alienación de los españoles de sus partidos políticos? Y la cosa es grave, porque si bien es verdad que no basta la existencia de partidos políticos para que exista democracia, también lo

52

es que no es posible una democracia moderna sin partidos políticos. ¿Empezarán éstos a sentirse alguna vez, de verdad, «responsablemente españoles» o, lo que es igual, responsables sin más?

El *Estado de las Autonomías*, que pretendió equiparar a todas ellas partiendo del supuesto tácito de que todas poseen —y en el mismo grado— voluntad *política* de autonomía, ha aparecido en las elecciones de octubre de 1982 como un falso problema para los propios interesados. En Galicia triunfó AP, es decir, el viejo caciquismo españolista adaptado a la nueva situación postfranquista: la región más pobre de España ha votado mayoritariamente, por dos veces, a los poseedores de la riqueza o, dicho de otro modo, ha contribuido a la constitución de una «mayoría antinatural». Y Andalucía, con mucha mayor voluntad política nacional y, como Galicia, con muy poca voluntad política nacionalista, ha dejado casi desaparecer al Partido *Andaluz* y, en contraste con Galicia, ha dicho *sí* al cambio, es decir, a lo que la región, por ahora no nacionalidad, necesita.

La autonomía *política* de Cataluña y el País Vasco me parece que es ya irreversible en régimen democrático. Las últimas elecciones generales han mostrado, sin embargo, no diría yo que el «desencanto», pero sí la falta de una gran emoción colectiva nacionalista. La autonomía parece bien desde el punto de vista del *principio* de la nacionalidad, y se espera con sentido realista la gradual transferencia de competencias, pero falta por completo la esperanza de que los problemas básicos se vayan a resolver por esa vía. Antes al contrario, cabe ver en el resultado de las elecciones una advertencia y un toque de atención: el nacionalismo ha sido juzgado en ellas como debiendo conjugarse con el principio de *solidaridad* entre todos los españoles. O, dicho en otros términos: autonomía *sí*, pero *no sólo* y *no a solas*. Autonomía *también* y, junto a ella, *cambio* general.

autonomía sí - pero no sólo y no a solas.

Autonomía también y junto a ella —

Cambio general

IV

LITURGIA Y APOCALIPSIS EN EUSKADI

no lo hablan bién
aun los vascos.

con un valor
litúrgico
religioso

han usado la lengua
como más de religión...)
se usa para separarse de los
demás — para que todos
se identifiquen con el

espíritu
vasco

community is
possessed by the
language

A) COMUNIDAD, LENGUAJE Y USO LITÚRGICO DEL EUSKERA

[anotación manuscrita: lengua muerte ↓ el vascuence]

ENTRADILLA SOBRE EL PUEBLO VASCO
Y LA POSESIÓN O NO DE SU LENGUAJE

La situación actual en el País Vasco no se vive cotidianamente como se piensa fuera de él. La vida de cada día transcurre allí, poco más o menos, como aquí. Pero, cuando menos se piensa y con harta frecuencia, un homicidio, un secuestro, y otro y otro, vienen a jalonar trágicamente esa cotidianidad. La situación es, pues, percibida por los españoles de fuera del País Vasco y por muchos —pero no por todos— de dentro de él, como apocalíptica, en un sentido preciso que luego se determinará.

Pero antes de entrar en ese tema es conveniente referirse al «hecho diferencial» más ostensible allí, la lengua, el euskera o vascuence. Una comunidad lingüística es la que *posee* un lenguaje. Pero en un sentido más profundo es ella, la comunidad, la *poseída* por ese lenguaje. Un lenguaje dentro del cual se vive es, como veremos, una cosmovisión, una forma de vida irreductible a cualquiera otra. Mi pregunta, a la que voy a responder pormenorizadamente en el largo *excursus* que si-

57

gue es ésta. ¿El euskera es real, efectiva y actualmente la *forma de vida*, la cosmovisión del pueblo vasco, la lengua *dentro* de la cual éste vive?

Comunidad y comunicación. Las clases de comunicación

Los términos «comunidad» y «comunicación» se refieren a una misma realidad, considerada, bien como hecho, bien como haciéndose, en estructura o en acto, constituida o en su incesante *in fieri*. Dicho de otro modo: llamamos «comunidad» a la estructura o red de comunicaciones firmemente establecidas y al resultado de su establecimiento; y llamamos «comunicación» a cada uno de los hilos que componen el tejido de la comunidad.

Estos hilos o modos de comunicación constituyentes de comunidad fueron clasificados por el antropólogo cultural Claude Lévi-Strauss, según es bien sabido, en comunicación de lenguaje, comunicación de mujeres y comunicación de bienes. Es obvio que, bajo el presente título, de lo que vamos a hablar aquí, centralmente, es del lenguaje, tomado el término en acepción muy amplia. Pero no podemos prescindir enteramente de la comunicación *sexual* (no ya sólo de mujeres, lo que importaba al estudioso de comunidades primitivas, en las cuales la mujer era un bien como los demás, aunque el más preciado de todos —«no desear la mujer de tu prójimo» y, en general, a renglón seguido, «no codiciar los bienes ajenos»—). El modo de regular la relación sexual

58

es constituyente de un tipo de comunidad y, recíprocamente, cada comunidad se constituye según sus modos propios de comunicación sexual. A la comunidad cerrada corresponde la endogamia. El rapto («rapto de las sabinas») primero, el *comercio* sexual (expresión cargada de sentido y sentidos) después, significa el tránsito de la endogamia a la exogamia. Los sistemas de parentesco —matrilineal, patrilineal, o bien de una y otra línea pero en diferente orden de prelación, así como la regulación de entre qué miembros de la familia o de la comunidad se puede o se debe contraer matrimonio, y si éste ha de ser monogámico o puede ser poligámico, simultánea o sucesivamente, y si de matrimonio indisoluble o disoluble, conyugal o de uniones libres («parejas»)—, los sistemas de parentesco, decíamos, todos ellos configuran una comunidad. Y si nos centramos ahora en la palabra «comercio», la compraventa de la esposa, la dote, y en relaciones que no por efímeras dejan de tener su importancia comunitaria, como la existencia o no de la prostitución, en tanto que «comercio», estrictamente dicho, con el propio cuerpo, o de la relación —«comercio» también— con los dioses a través de la llamada «prostitución sagrada», es indudable que los modos en que se lleva a cabo tal comercio figuran entre los definitorios de una comunidad. En fin, hay un tipo de cerrazón sexual de la comunidad que, por anacrónico que nos parezca, ha tenido, y quizá sigue teniendo, un carácter que, en el contexto de la presente reflexión, nos importa especialmente, y que es el *racismo* sexual.

Y asimismo, tampoco podemos prescindir enteramente de la comunicación económica o de bienes. Es sabido que una comunidad puede organizarse económicamente conforme a diferentes sistemas, los presentes, capitalista, socialista estatalista y mixto; los pasados, y los potencialmente futuros, el de la autogestión, por ejemplo. Nos importa más el hecho de que no se constituye comunidad plena, lo que hoy llamamos nacionalidad, sin un caudal o patrimonio suficiente que la libere de una situación tributaria y le permita ser autónoma; y también sin una circulación o «comercio» suficiente entre los miembros de esa comunidad. El ejemplo de Galicia, con su depresión económica global, y con su paleo y neocaciquismo —confirmado en sucesivas elecciones— muestra bien, *more* marxista, cómo sobre la insuficiencia económica es imposible montar una auténtica nacionalidad y ni siquiera una autonomía propiamente dicha.

Lenguaje y comunicación. Semiótica y comunidad

Mas es hora ya de entrar en nuestro tema, el del lenguaje y la comunidad. La palabra «lenguaje» puede tomarse no sólo en su acepción estricta, sino también en sentido amplio. Aunque podemos dejarlos aquí de lado, existen «lenguajes» estructuralmente calcados sobre el propiamente dicho, así el de los sordomudos, el de banderas, el morse, el lógico-matemático, etc. Nos importa, en cambio, y mucho, la semiótica no-verbal, porque ella posee una enorme importancia simbólica (desarrollaremos más adelante este concepto de «acción simbólica») para el sentido de la comunidad. La significación que atribuimos a determinados *espacios*, sagrados unos —iglesias, santuarios con sus peregrinaciones, romerías y procesiones—, cívicos otros —monumentos, lugares históricos de conmemoración, el Árbol de Guernica, por ejemplo—, *tiempos* —efemérides, fiestas— e igualmente a trajes religiosos, militares y regionales, a danzas y deportes folklóricos, a emblemas, saludos, etc., es la de mantener viva la memoria y la conciencia de la comunidad. Conmemorar, celebrar, ritualizar, son modos de comunicación que se elevan sobre la cotidianidad y dotan a la vida en común de una dimensión transcendente, simbólica, religiosa o cuasi-religiosa.

LA LENGUA O LAS LENGUAS DE LA COMUNIDAD Y EL BILINGÜISMO

Mas, claro está, la forma fundamental de comunicación, fundamento asimismo de esa capacidad de simbolización a la que venimos aludiendo, es el lenguaje propia y estrictamente dicho, y a él vamos a ceñirnos en lo que a continuación tratamos, siguiendo unas líneas de reflexión predominantemente sociolingüísticas —«lenguaje y comunidad» es nuestro enfoque—, y no psicolingüísticas.

La lengua de la comunidad ¿es necesariamente una y única, o puede haber una pluralidad de lenguas en una misma comunidad? Es menester distinguir entre comunidades. Las hay federales o confederadas, *de iure* o *in fieri*. Suiza desde su fundación, Bélgica en su reafirmación, son Estados en los que coexisten diferentes comunidades, cada cual con su lengua propia. La posesión más o menos perfecta de las *otras* lenguas oficiales del Estado constituye una situación análoga a la que, en el plano psicolingüístico, se da con la posesión de una segunda lengua. No hay en tal caso bilingüismo propiamente dicho y, consiguientemente, no asoma el riesgo inherente a él, la disglosia o forzosidad de habitar simultáneamente dos «moradas» idiomáticas y, por carencia de una inequívoca lengua materna, el peligro de la esquizofrenia lingüística.

El bilingüismo de graves caracteres disruptores se presenta cuando dos lenguas coexisten y son habladas, pero en distintos planos de comunicación, la una como pública (a la vez que privada), civil, dominante y, en definitiva, opresora; la otra como meramente privada, doméstica, dominada y, en definitiva, oprimida. El empobrecimiento y deterioración de esta última es, en tal caso, inevitable y, en el plano psicolingüístico, la esquizofrenia a que hemos hecho alusión, también. Era, por poner un ejemplo, la situación de Cataluña y de los catalanohablantes durante el régimen franquista. Por otra parte, la equiparación *legal* de una y otra lengua no siempre equivale a la equiparación *real*. Y aun suponiendo que ésta se dé, y que dentro de la comunidad cada cual pueda expresarse en su propia lengua, siéndole suficiente para la comunicación entender la otra, aun cuando no la hable, ¿es ésta la solución perfecta? Evi-

Lenguaje = diálogo

dentemente, no. El lenguaje es siempre *diálogo*, la dimensión dialogal del lenguaje es inseparable de su *actuación* como *parole*. Y la amputación a nuestro lenguaje de su «ser oído» para quedar en meramente dicho, conduce a la perduración de una cierta, quizá irremediable, disglosia.

Problemas completamente diferentes de éste son, por una parte, el de la necesidad de la *normalización* de la distintas formas dialectales de un lenguaje elevado al plano de la comunicación civil (por ejemplo, *euskara batúa*) y, por otra, la conveniencia de que cada lenguaje, para mantenerse realmente vivo y dinámico, esté en permanente contacto con otros, abierto a préstamos y traspasos lingüísticos y, en la medida de su eficiencia, a hacerlos no menos que a recibirlos. La innovación lingüística desde dentro de su genuino *idiom* o concepción idiomática de la realidad, pero también desde fuera de ella, desde otro idioma, es necesaria a todo lenguaje que aspire a una vigencia civil y a una creatividad literaria que no se estanque en la domesticidad.

slangs - not general communication

LENGUAS DE ENDOGRUPO Y LENGUAS SECRETAS

Problema diferente es el intrínseco a los lenguajes cuyos hablantes no aspiran a la comunicación generalizada o incluso la evitan deliberadamente. En el primer caso están las lenguas de endogrupo, así el gitano, el ladino de los sefardíes, el *yiddish*, también las jergas, los *argots*, los *slangs*, el «cheli», por ejemplo, en Madrid. El lenguaje académico y los modos «distingui-

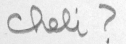

cheli ?

dos» de hablar constituyen una manera intermedia —también por su deficiente sustantividad lingüística, pues no consisten sino en peculiaridades
léxicas y fonéticas— entre las lenguas de endogrupo y los lenguajes secretos, por lo general muy
artificializados y construidos en clave para uso exclusivo de microgrupos clandestinos. Los primeros
son o bien arcaizantes y detenidos en su desarrollo,
o bien efímeros y muy «vivos» sólo en el sentido
de serlo demasiado, de sobrevenir y desaparecer
como flor de un día. Y los segundos no se usan
verdaderamente como lenguajes dentro de los que
se vive, sino, a partir de éstos, como comunicaciones cifradas.

LENGUAJES LITÚRGICOS Y LITURGIAS SECULARIZADAS

El lenguaje litúrgico tiene algo en común con
el lenguaje de endogrupo, aunque no en su sentido generalmente étnico, y también con la lengua
secreta, no por voluntad de impenetrabilidad, sino
por su dedicación exclusiva a un uso reservado,
«consagrado» y no apto para la cotidianidad. Su
constitución en cuanto tal ha partido del hecho
histórico de una separación entre el orden pro-
fano, al que sirve el habla común, y el orden sa-
grado, que requiere un lenguaje elevado a rango
específicamente sacro. El lenguaje litúrgico dentro de nuestra cultura es o, mejor dicho, ha sido,
sin duda alguna, el latín. Es o ha sido el lenguaje
ceremonial, el lenguaje para el culto. Lenguaje
entre verbal y, en cuanto más o menos ininteligi-
ble, casi no-verbal, a la vez simbólico, en el sentido

64

que explicaremos en seguida y en cuanto no-significante para la comunidad, pero, pese a ello, dotado de sentido, cuasi-icónico (recuérdense las *Divinas Palabras* de Valle-Inclán). En tiempos que el autor del presente trabajo todavía ha conocido, este lenguaje litúrgico se usaba en ocasiones, y a guisa de lengua entre «secreta» y «distinguida», por los miembros más cultos de la «casta» sacerdotal (jesuitas, por ejemplo), y en los «misales» para uso de laicos distinguidos (muchos de nosotros hemos seguido la misa en nuestro misal). Y para el uso del común de los cristianos, el latín se empleaba bajo la forma de breves textos referentes al evangelio del domingo en las hojas parroquiales.

— no efectiva sino símbolo

EL EUSKERA COMO LENGUAJE LITÚRGICO Y REDUPLICATIVAMENTE SIMBÓLICO

El latín como lenguaje litúrgico ya ha desaparecido, o casi desaparecido, con la secularización —que no quiere decir pérdida de la religiosidad, pero ésta es otra historia— de la sociedad actual. Pero la liturgia, cuya dimensión *verbal* es la lengua del culto, ni ha desaparecido ni, probablemente, puede desaparecer. Las comunidades, los pueblos que se consideran «irredentos», rinden culto —y un culto tanto más vivo cuanto que lo es a una deidad mesiánica— a la nacionalidad que ha de venir. El euskera —salvo para quienes lo hablan como habla rural o doméstica, de endogrupo, y para quienes, arrastrados por cuasirreligioso entusiasmo, lo estudian y aprenden— no es, hoy por

hoy, ~~no es~~ una lengua efectiva, sino sólo potencialmente; pero es un «símbolo» catalizador, un ritual,
un conjunto de fórmulas de comunión y, asimismo, un arma de combate para la «liberación». (De
la misma manera que, más adelante, considero la
violencia de ETA como forma secularizada de
la violencia sagrada, cabe rastrear, como estoy haciendo aquí, y con mayor facilidad, la raíz religiosa del uso rigurosamente litúrgico-secular del euskera.) ¿Qué otra cosa significa el hecho, tan habitual entre vascos que realmente no saben euskera,
pero que al encontrarse y al despedirse se saludan
en ese lenguaje, sino su uso estrictamente litúrgico? Antes he hablado de las antiguas hojas parroquiales. Las actuales hojas abertzales, y hasta pu-
blicaciones vascas de mayor pretensión, dan la
traducción de sus textos más militantes, pero no,
por supuesto, el contenido entero, que, naturalmente, está redactado en castellano.

No creo, sin embargo, que sea enteramente inte-
ligible lo que quiero decir si no se me permite un
breve *excursus* sobre la teoría general de la acción
real y la acción simbólica. Los actos verdaderamente humanos (el *actus humanos* de la Escolás-
tica), los específicamente nuestros y no los que
tenemos en común con los animales (el *actus ho-
minis* de la misma terminología), en vez de ago-
tar su sentido en su mera realidad transcienden
ésta, es decir, *significan*. (El acto de tropezar con
otra persona es un simple accidente; darle un
golpecito con el codo o el pie, es una señal.) El
lenguaje, acto humano por excelencia, *significa*
siempre, posee un sentido, una dirección, una significación más allá de la mera emisión fónica. La

carga onomatopéyica del lenguaje es irrelevante, e incluso su dimensión deíctica no es su característica esencial: muestra diciendo «ése» o «ahí», pero no menos podemos hacerlo sin palabras apuntando hacia ello mostrativamente. El lenguaje es siempre significante de un significado que le transciende y, como tantas veces se ha dicho entre filósofos del lenguaje, «la mesa no está en la palabra mesa». Por tanto, en este sentido, el lenguaje —salvo en su re-flexión sobre él mismo, uso anormal del lenguaje como lenguaje-objeto— es siempre símbolo de otra cosa, en cuanto que la significa.

Ahora bien, cabe otro uso simbólico del lenguaje, el lenguaje como símbolo de segundo grado, por decirlo así. Es el uso de este o de aquel lenguaje —del euskera en la actualidad, antes del latín— más allá —o más acá— de lo que con él se significa semánticamente, con esa otra semiótica de hablarlo ritualmente, en celebración de una realidad transcendente, la del pueblo vasco, o de una esperanza escatológico-intramundana, la de su independencia y total liberación. Es la conversión de la *palabra* en *oración*. Pero no en el uso normalmente religioso del lenguaje para orar, sino de la palabra misma como palabra-objeto, como *eikón*, fórmula de encantamiento, palabra «divina» en cuanto tal por ser euskera, tanto y mucho más que por lo que en euskera, como en cualquier otra lengua, pueda significar.

La expresión *Lebensform* es, como se sabe, de
Wittgenstein. El hombre vive *dentro de el* lenguaje, encerrado en él. Es el horizonte que, lin-
güísticamente, no puede traspasar. Mas aquello de
lo que no se puede hablar, lo inefable, el más allá
del lenguaje, quizá de algún modo, el modo mís-
tico, se puede vivir. Si se me permite la transpo-
sición, cara a muchos sociolingüistas, también se
vive *dentro* de tal o cual, de *un* lenguaje. El caso
de los vascos no es todavía ése, no viven dentro
del euskera, salvo los campesinos, cuyo angosto
horizonte es el de su pobre pero *real* lenguaje,
por lo que en ellos se dan los malos efectos de lo
que no llega, ni con mucho, a ser verdadero bilingüismo, pero es disglosia y hasta aglosia (= aquello de lo que no pueden hablar, no por insuficiencia del lenguaje, sino de su lenguaje, y por
incapacidad de trasladarse a otro lenguaje). Los
vascos más o menos urbanizados siguen viviendo
real y efectivamente dentro del castellano y, salvo
casos aislados, la comunidad, por mudez o por
castellanización, no ha llegado todavía, ni con
mucho, a la ocupación y despliegue total de las
posibilidades de la lengua euskera.

Pero lo que todavía no es, ni de lejos, lenguaje
euskera como forma de vida es ya, en cambio,
uso del lenguaje euskera como ritual, como liturgia secular. No quisiera que se exagerase: todos,
por muy nuestro que sea ya nuestro lenguaje, en
un sentido amplio nos servimos de él y le servimos a él como «ritual», en la más amplia acepción

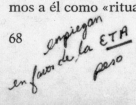

de esta palabra. Cuando subrayamos o entrecomillamos, cuando escribimos algo en cursiva, ponemos *énfasis* (en inglés); y cuando decimos algo *con énfasis* (en castellano), es decir, impostando la voz, usamos solemne y cuasi-litúrgicamente nuestro cotidiano lenguaje. Pues bien, eso es lo que ocurre siempre, cuando el vasco, que no es bilingüe, ni padece los achaques de la disglosia, dice algo en su lengua vernácula, ancestral; lo dice haciendo un uso litúrgico del euskera.

Lenguaje y sentido de la vida

El lenguaje es, en definitiva, la expresión del sentido, de la dirección, del «hacia dónde» de nuestra vida, del proyecto intersubjetivo, comunitario, al que nos encaminamos. La vida, sin embargo, no siempre mira al futuro.

Con frecuencia, sobre todo antes, y aún ahora entre tradicionalistas y conservadores, su lenguaje es el de la añoranza del pasado, de la tradición, de la Arcadia, de la *e-vocación*. Pero cuando la vida se vive en un «sí» a ella misma y a lo que puede traer, entonces su lenguaje es el de la futurición, el de la utopía, el de la *ad-vocación*. Ejemplificaciones de uno y otro lenguaje como lenguajes litúrgicos son, respectivamente, el latín y el euskera: el lenguaje que muere mirando hacia atrás, y el lenguaje que si no se vuelve nostálgicamente arcádico —lo que es un peligro real de Euskadi— vive y, sobre todo, vivirá mirando adelante y pasando de ser nada menos, pero también nada más que ritual, a convertirse en la *forma de vida* del pueblo vasco y de su creativa personalidad comunitaria.

Los usos del lenguaje son, en fin, muchos y varios. Aquí hemos intentado distinguir, en situaciones de pluralidad lingüística de una comunidad, el bilingüismo actual, cuyo ejemplo dentro del Estado español es Cataluña, del bilingüismo que transcurre en planos diferentes, uno el del uso comunicacional de una lengua, y otro (salvo en microcomunidades rurales), el del uso litúrgico o ritual de otra. Es esta última la situación lingüística, a mi parecer, del pueblo vasco.

B)   JUVENTUD, GUERRA, REVOLUCIÓN

El terrorismo como secularización de la
violencia religiosa

Durante el franquismo tardío el tipo más frecuente de «contestación» fue la conspiración, es decir, las reuniones clandestinas y, como tales, perseguidas por la policía, cuya «finalidad sin fin» más —y menos— tangible era la invocación de un nuevo y laico pentecostés o descenso sobre España de lenguas de fuego que, más bien pasivamente, se esperaba. El movimiento juvenil vasco, completamente diferente, fue desde muy pronto aguerrido, activista, apocalíptico, de lucha frontal contra el poder. Toda la España democrática estuvo —sin decirlo suficientemente— de su parte cuando el famoso juicio de Burgos, y buena parte de ella también, al menos en cuanto al procedimiento, durante el irregular y trágico juicio de Madrid y Barcelona. En cuanto al atentado, técnicamente perfecto, contra el impopular Carrero Blanco, hoy lo podemos ver, en perspectiva, casi como los más graves crímenes de la Revolución francesa: reverso lamentable e inevitable de una operación «política» que yuguló todo estricto continuismo franquista, pues el tartufo y lacrimoso

71

Arias Navarro era a todas luces impotente —quizá el otro, el muerto, también— para desempeñar el papel de continuador de Franco. Lo cierto es que muchos demócratas, que hoy se rasgan las vestiduras ante los crímenes de ETA, vieron con agradecimiento aquel saltar por los aires, pues, sin mancharse las manos de sangre, habían de beneficiarse de él.

Después ocurrió la muerte de Franco y el tránsito a lo que llamamos democracia. Democracia que a muchos jóvenes —y no jóvenes— no les parece tal, y que a otros nos deja insatisfechos. La reacción española de los disconformes ha sido la crítica intelectual de la política, o la acracia, o la mansa utopía y, en el extremo de la inacción, el pasotismo. La reacción vasca, en el extremo opuesto, ha sido y es la lucha sin cuartel. ¿Es exacto llamar a esta lucha «terrorismo»? Objetivamente, sí; desde el punto de vista de su interpretación subjetivo-comunitaria, no. Terrorismo fue la bomba de la calle del Correo, la de California 47, y también los actos del oscuro Grapo. Con ETA las cuentas están claras. ETA ha aceptado la definición franquista, que el atropellado Fraga, demasiado cercano siempre a Fuerza Nueva, hizo suya, de que la guerra contra la anti-España —separatismo, comunismo— no terminó en 1939 ni terminará, en realidad, nunca («guerra permanente», como réplica franquista de la «revolución permanente»). Los actos perpetrados por ETA, por mal que nos parezcan, son didácticamente explicados siempre al pueblo vasco, como operaciones de guerra contra el país «invasor» y «ocupante», España, a la vez que como un conflicto entre capitalismo

72

y marxismo. Según vio bien Enrique Gil Calvo en un artículo para *El Viejo Topo*, de análisis marxista, se trata de un conflicto entre el *nacionalismo vasco* y el *nacionalismo español*. (Que, simétricamente a ETA, es representado a ultranza por Fuerza Nueva [ahora disuelta ya] y vergonzantemente por una parte de las huestes de Fraga.)

La causa *abertzale* lo es pues, e inseparablemente, de guerra y de revolución (socialista). Esta última era común a los jóvenes extremistas españoles. La reforma sin ruptura terminó con ellos, dejando a los residuales en estado de marginación. Los jóvenes vascos fueron los únicos que, comunitariamente, arrastrando tras ellos, de grado o por la fuerza de las circunstancias, a gran parte de la población, no entraron en el juego de la reforma sin ruptura, este similor de democracia en el que hemos vivido. Los catalanes, por ejemplo, han aceptado las nuevas reglas de juego, pero los vascos no. Hasta las elecciones del 79, España, Madrid, vivieron en el autoengaño de que la ETA estaba compuesta por una banda de pistoleros y colocadores de bombas explosivas, sin otro apoyo popular que el prestado por miedo. Hoy hemos salido del error y hasta el *ABC* reconocía en su momento que «hay gentes tan obcecadas y fanáticas que, creyentes de una causa justa, justifican con esa fe y ese ideal el empleo de los medios, aun los más inhumanos e indiscriminados».

Naturalmente, no es la primera vez en la historia —ni aun en la de España: recuérdese la Guerra de la Independencia— que se da esta fusión de guerra y revolución. Y en este *punctum crucis*, el PNV, partido moderadamente nacionalista, arras-

trado, más allá de lo que quisiera, por el nacionalismo radical, y partido eminentemente burgués,
que ni quiere ni puede querer la revolución socialista, se encuentra inmovilizado, entre la espada y
la pared, prisionero de su propia debilidad y de
su propia contradicción. (Y, en el fondo, razona-
blemente esperanzado de que, tras el apocalipsis,
las aguas vascas vuelvan a su curso de la neocapitalista economía —social— de mercado.)

En próximo subcapítulo intentaremos compren-
der, lo que no es fácil, el proyecto *abertzale* de comunidad vasca. Sus motivaciones capitales son, ya
lo hemos visto, una vivencia subjetivo-comunitaria de «estado de guerra», exaltada por un *pathos*
de nacionalismo estructuralmente semejante al de
los jóvenes de Fuerza Nueva, y un voluntarismo
revolucionario socialista que les opone diametral-
mente a éstos, y que se despreocupa por completo de las «condiciones objetivas». Junto a ambas
hay que poner el factor religioso, el «milenaris-
mo» del que ha hablado Juan Aranzadi, la secularización de la violencia religiosa, violencia religiosa bien analizada hace años por René Gi-
rard.

Nuestra cuestión, la de la secularización de la
violencia religiosa, debe tomar en consideración
dos supuestos sumamente importantes. Uno de
ellos es el de la homogeneización o nivelación (re-
lativa) en el desarrollo económico de todo el País
Vasco-Navarro. Navarra y Álava, protegidas, «pre-
miadas» por su adhesión al Movimiento, han logrado un desarrollo económico que las ha acerca-
do a las otras dos provincias, Vizcaya y Guipúz-
coa, antes incomparablemente más industrializa-

das. Y el desarrollo económico ha traído consigo el desencadenamiento de un proceso de secularización que, prácticamente, ha hecho desaparecer el rural tradicionalismo carlista. (Y el carlismo como partido, el de Carlos Hugo, en la medida en que ha subsistido, se ha secularizado casi enteramente.)

El segundo supuesto consiste en el hecho de que a este *desarrollo* económico no ha correspondido, por ceguera del Estado central, que se lo ha sustraído, un *desarrollo cultural*. Piénsese que ni antes ni después de la guerra, hasta hace muy poco tiempo que, todavía en rodaje, ha empezado a funcionar la Universidad del País Vasco, no ha existido, lo que no es casualidad, más Universidad que la eclesiástica de los jesuitas de Deusto. (Prescindo del «enclave» del Opus en Pamplona, porque me parece que no ha tenido incidencia alguna sobre la realidad nacionalista vasca que estamos estudiando; y en cualquier caso, aunque tardía, anacrónicamente ya, fue, otra vez, una Universidad privada de la Iglesia.) Un pueblo sin posibilidad de emprender, dentro de él, otros estudios superiores que los de la Universidad de los jesuitas o los —muy importantes: piénsese en la irradiación religioso-cultural del Seminario de Vitoria durante la postguerra— adquiridos en los seminarios diocesanos, ha vivido la situación paradójica de una secularización creciente (aneja al creciente desarrollo) en cuanto forma de vida, a la que han correspondido, desfasadamente, una cultura todavía predominantemente religiosa, y el papel, tan importante, que en la política y el estilo de vida locales, y no menos en el mantenimiento, religiosamente encendida, de la llama nacionalista, han desempeñado los «curas vascos».

Está por hacer, que yo sepa, un *case-study* que muestre, en las biografías de los líderes de la ETA, que son las que directamente nos conciernen aquí, y, en general, en las de los líderes de todos los partidos políticos nacionalistas vascos, sus antecedentes religiosos, de sacerdocio y, cuando menos, de largos años de permanencia en el seminario. La *Operación Ogro* nos presentaba, cinematográficamente, algo de esto, y la impregnación de fe religioso-nacional de un movimiento que bien —ETA actual— sigue creyendo en la consecución del Absoluto, ahí, en la tierra vasca, bien —ETA anterior al reconocimiento democrático de la nacionalidad vasca— predica, también «religiosamente», una paciencia infinita, es evidente. Y Telesforo Monzón, un líder viejo que, como el joven líder italiano Toni Negri, unía en sí al *teórico* y al *activista*, repitió muchas veces que el *abertzale* ha de ser, a la vez, *jelkide* y *gudari*, es decir, en euskera, casi lo mismo que «mitad monje y mitad soldado».

Ni ETA ni el partido que políticamente la representa son confesionales, por supuesto. Pero la raíz funcionalmente y estructuralmente religiosa es constatable y, como fe estrictamente dicha, es identificable en cualquier conversación con cualquier simpatizante con los *fines* de ETA, aunque no, suele agregarse, con sus *medios*. (También en guerra formalmente declarada se lamenta por la población no beligerante la operación militar de diezmar un poblado enemigo ocupado, en cuyo seno continúan operando focos ilocalizables de resistencia activa. Se lamenta, sí, pero se comprende.) Es a partir de estos tres —o cuatro— factores, el juvenil, el nacionalista, el revolucionario-socialista y el apocalíptico-religioso, como se ha de analizar el proyecto *abertzale* de comunidad nacional vasca.

Próximo a terminar, quiero hacer referencia a dos puntos en estrecha relación con nuestro problema. El primero enlaza con el tema del desarrollo. Suele subrayarse el paralelismo entre el terrorismo vasco y el terrorismo irlandés por darse uno y otro en países de arraigada tradición católica y un tanto arcaizante en cuanto a desarrollo cultural. Suele desconcertar, sin embargo, el hecho diferencial de que Irlanda es un país económicamente deprimido, en tanto que el País Vasco es, junto con el País Catalán, el más desarrollado económicamente de nuestra Península. Sí, pero el paralelismo, hasta cierto punto se recupera, si tenemos en cuenta que Irlanda del Norte es la región más industrializada de toda la isla y que el impulso del nacionalismo se acrecienta aún más, lo que es muy visible en el País Vasco, con la añoranza idílica que normalmente se produce, entre los jóvenes sobre todo, cuando se llega a una saturación en el proceso *vital* de industrialización.

El último punto se refiere a la conciencia de sí mismos que, partiendo de la admisión del supuesto de implantación, mayor o menor, pero real, de ETA en el País Vasco, pueden tener los terroristas de dicha organización. En una tierra de secularización de la violencia religiosa y de sacralización de la violencia (micro)nacionalista ¿pueden verse a sí mismos, mirándose y admirándose mutuamente, y siendo mirados y admirados por el microgrupo, pueden verse y ser vistos, digo, como santos? Evidentemente, no, sino a lo sumo, mártires de una causa «sagrada». El santo sabe mejor que nadie que *no* es santo, y justamente por eso puede, por decirlo así, a su pesar, llegar a ser santo. El terrorista de ETA, pese a morir por la «redención» de sus hermanos, sabe que no es santo, pero cree saber que es héroe. La *belle mort* es celebrada religiosamente cada vez que uno de esos héroes cae en el combate frente al enemigo. El ingrediente narcisista, sin duda presente siempre, no empece, porque el narcisismo, incompatible con la santidad, casa bien con el heroísmo. Y apenas es necesario puntualizar que no estoy hablando de heroísmo, sino de conciencia individual y conciencia colectiva, dentro del microgrupo, de heroísmo. Con igual seguridad subjetiva podrán considerarse y ser macronacionalmente consideradas como heroicas las víctimas del terrorismo. Es el veneno de todas las guerras nacionales, las objetivamente reales y, apenas menos, las subjetivamente vividas como tales. Mucho más si, como es el caso de todos los nacionalismos, se viven a modo de, más o menos secularizadamente, guerras religiosas.

«La personalidad narcisista es aproximadamente lo contrario de la personalidad puritana», ha escrito Amando de Miguel. La afirmación es válida para otros tipos de narcisismo. Pero ¿no estamos asistiendo hoy a la representación de un narcisismo colectivo, no de minigrupo, sino gentilicio o tribal, nacionalista, étnico y hasta milenarista, el vasco de los *abertzales* radicales, el cual, como revolucionario, es siempre, en mayor o menor grado, puritano? Christopher Lasch, describiendo los rasgos del narcisismo, señala la oposición entre el «espíritu de juego» y la «rage for national uplift». Los narcisistas vascos vienen a romper el esquema. Ellos no son espectadores de la actuación de unos equipos que, como el Real Madrid o el Valencia, sólo de nombre y «por juego» pueden ser considerados madrileños o valencianos. Ellos necesitan que el partido, cada partido, no sea cosa de «libre fantasía», sino miniaturización, sólo a medias lúdica y siempre narcisista-colectiva, del espectáculo total de la lucha por la autodeterminación. Este violento narcisismo está desprovisto del espíritu del juego con humor, es puritano y tremenda, enajenadamente serio. (Con la enajenación del yo en el narcisista colectivo étnico.) Su fervor enloquecido de destrucción para la liberación incendia su imaginación en la pira y la pólvora o la *goma-dos* de todas las inmolaciones.

SOBRE LAS POSIBLES SALIDAS VASCAS DEL CONFLICTO DE EUSKADI

El País Vasco o, mejor dicho, la mayoría nacionalista del País Vasco, está viviendo intensa, exaltada, dramáticamente la lucha *contra* el país supuestamente «ocupante» y opresor. La *guerra* de liberación crea una solidaridad «patriótica» entre los burgueses del PNV y los marxistas más o menos leninistas, más o menos libertarios —la verdad es que no parece que ellos mismos tengan muy definido su programa revolucionario— que son los *abertzales* radicales. Mientras permanezcan unos y otros en la pura actitud *anti-*, los muertos y prisioneros por la causa son sentidos como de todos. Un cierto *narcisismo* colectivo (muy diferente del descrito por el ya citado Christopher Lasch y, entre nosotros, por Amando de Miguel), del que es inseparable un cierto *racismo* (racismo «abierto»: definición del euskaldún como quien ha llegado a ser de lengua euskera, cualquiera que sea su origen étnico); refuerzan ese excelente aglutinante que es la lucha contra el «invasor», frente al cual, lo veíamos antes, vale todo, porque se mata y se muere «en la guerra como en la guerra».

Pero algún día el *conflicto* terminará y habrá llegado la hora de una nueva *integración*. Imaginemos, como hipótesis, que ello ocurra, dejada atrás la fase bélica, por ruptura con España e independencia. En ese momento el frente único se romperá y PNV y revolucionarios pondrán crudamente de manifiesto sus radicales discrepancias. Sigamos suponiendo que prevalece, en principio, el modelo comunista. Son ya muchos los españoles para quienes la lucha vasca es sólo concebible como un proceso irracional de locura colectiva. Yo no lo creo así en cuanto a la «guerra de independencia», por lo que veremos luego, pero en cambio el proyecto de «revolución» sí pienso que es irrealista, insensato, inviable. Aparte España, ¿es que Francia, Europa occidental, los Estados Unidos, tolerarían políticamente ese enclave comunista? Y aunque, dada la obstinación vasca, no pudieran evitarlo ¿no lo harían económicamente inviable? Un País Vasco totalmente desprovisto,

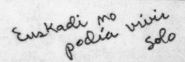

Euskadi no podía vivir solo

agotado el hierro, de materias primas importantes, totalmente privado de fuentes de energía —la central nuclear de Lemóniz, más peligrosa allí, por la densidad de población, que en cualquier otro lugar de las Península, también se echaría de menos, como en ninguna otra parte, en un Euskadi independiente— sería económicamente incompatible, por comunista, con la Comunidad europea. Su único recurso —técnicamente difícil— para poder subsistir consistiría en arrojarse en los brazos de la URSS y convertirse así, venido drásticamente a menos, en una especie de Cuba europea. El paleocomunismo estatalista, tecnoburocrático —régimen que ningún joven occidental quiere ya— sería el régimen que, inevitablemente, se implantaría. (Ciertos rasgos de la hegemónica, anónima y «encapuchada» organización que presenta ETA convendrían bien a ese modelo.) ¿Habría valido la pena tan fiera lucha para conseguir tan insatisfactorio resultado?

Cabría imaginar —sigamos con las hipótesis— un «socialismo», llamémoslo así, entre comillas, de tipo israelí, «sionista», como ya se le ha llamado, que, como tal, podría aspirar a la aprobación y aun el apoyo de USA. Pero ¿no constuiría ello una contradicción con los términos mismos del planteamiento —marxista-leninista— del conflicto revolucionario? Y, por otra parte, ¿puede pretenderse que se viva en permanente estado de alerta y aun de guerra, cuando ya no hay palestinos ni árabes, es decir, españoles, enfrente?

Continuando con nuestras ficciones futurológicas, hay un tercer modelo imaginable: la opción por un tipo de comunidad vasca cuya ruptura con

España y Occidente lo fuera también con la sociedad tecnológica, la fiebre consumista, la vida pagada a crédito y plazos y la diversión publicitariamente programada, con el fin de conseguir, mediante la ayuda de una «tecnología intermedia» (en la línea de la guipuzcoana), la propia de un pequeño país, la recuperación de valores perdidos: medida humana, vuelta a la naturaleza y a la antigua calidad de vida, religiosidad (una de las raíces del movimiento vasco, como vimos) no dogmática, comunitarismo descentralizado y autogestionario... ¿Es previsible la para ello necesaria voluntad colectiva de regreso a la edad dorada de una arcadia bucólica y un pueblo «sano», vuelto a las costumbres sencillas y tradicionales predicadas por el viejo carlismo? Ya ningún sector de la juventud, ni siquiera el de la más puritana, «reencantada» y ecologista juventud vasca, puede vivir la «nueva cultura» como *ruptura* total con la «cultura establecida», sino como su más o menos enérgica *corrección*. El tránsito —para hablar en términos marxistas— del socialismo al (paradisíaco) comunismo aparece, si es que se nos aparece, como utópico y escatológico, no como esperándonos ahí, a la vuelta de la esquina. Y una súbita conversión de la juventud vasca del *talante apocalíptico* al calmo *talante utópico*, tampoco es verosímil.

Sobre la base de que el País Vasco se entregue a su suerte ¿qué es lo que, probablemente, ocurrirá allí? Terminada la fase del conflicto que aúna a todos los nacionalistas, lo que se producirá es el despeje de la ambigüedad independencia-revolución y la disensión interior: los que sólo habían luchado por la independencia se encontrarán enfrentados con quienes habían concebido ésta inseparablemente de la revolución. Al frente común, unido contra la «opresión» española, sucederá el caos interno y la lucha —«guerra civil» otra vez— entre nacionalistas burgueses y *abertzales* revolucionarios. ¿Cuál será la previsible salida, la única que contará con el apoyo económico-político occidental? Indudablemente la del PNV, que, revelando su auténtica ideología, a la derecha de la socialdemocracia, será el «inevitable» beneficiario. Y esto, lo mismo si Euskadi permanece en la autodeterminación a la autonomía, que si afirma su independencia. En este segundo caso se integraría —a título semejante al de Luxemburgo, país bastante más pequeño que Euskadi— en la Comunidad europea. De este modo, con un coste de vidas humanas enormemente superior, la juventud radical vasca de después de la autodeterminación, y con o sin independencia, quedaría tan frustrada como la radical juventud española ha quedado con la «democracia» suarista.

En el presente epígrafe hemos visto lo que tanto posible como probablemente ocurrirá en el País Vasco, cuando el conflicto acabe, y en lo que del País Vasco depende. En el próximo, veremos lo que España puede hacer para que el conflicto acabe.

ESPAÑA Y EUSKADI

En las páginas anteriores, examinaba las posibles salidas *vascas* del conflicto de Euskadi. Ahora, y para terminar con el tema, voy a considerarlo por el otro lado, por el nuestro, y a analizar las posibles opciones *españolas*.

Una, totalmente emocional (con la emoción del «estar harto»), apolítica e irresponsable, pero que cada vez cunde más, es la de exclamar algo así como esto: «Que se les dé la independencia, después de que pasen a este lado los que no quieren seguir viviendo allí, pero que se cierre herméticamente la frontera entre ellos y nosotros, que, en adelante, se las arreglen ellos solos como puedan, y que nos dejen en paz». Aun cuando tal postura no se presente seriamente como una opción, sino como un puro desahogo, importa tomar en consideración el estado de ánimo que revela, el de ruptura de una solidaridad más profunda que la política o nacionalista, a la que al final me referiré.

Frente a esa dejación de responsabilidad, la posición polarmente opuesta —aunque una y otra sean sustentadas, curiosamente, por gentes, en su mayor parte, de la derecha— consistiría en forzar a los vascos a ser españoles al modo centralista, y ello recurriendo a la declaración del estado de guerra, la confrontación bélica y la ocupación del País Vasco, a sangre y fuego, por las tropas nacionales. La opción de responder al terrorismo con el Terror del Estado, y de disponerse a un verdadero genocidio, paradójicamente daría la razón a ETA en su planteamiento, abocaría a la atrocidad de otra guerra ambiguamente civil entre dos naciones enemigas y, para colmo, tras no acabar con el terrorismo, exacerbaría el sentimiento nacionalista de todos los vascos, que se sentirían unidos en la pasión común de un pequeño pueblo

84

aplastado por el poder militar del opresor. Lo que allí une —la voluntad de autodeterminación— prevalecería, con mucho, sobre lo que separa —la voluntad de revolución. El mundo entero tomaría posición contra tal «España» y contra el «Holocausto» que ella, en tal hipótesis, perpetraría. Bien miradas las cosas, es, pues, una opción aún más irresponsable que la considerada en primer lugar.

La tercera opción, probablemente no más efectiva, en la que muchos piensan, es la del restablecimiento, para estos casos, de la pena de muerte. Ahora bien, tal opción es claramente anticonstitucional, salvo que se pase por la anterior, de declaración de guerra. Sólo me importa aludir a ella porque nos lleva a la cuestión del *juridicismo*. Otra vez paradójicamente, muchos de los que hoy urgen el respeto a una *interpretación*, la suya, de la Constitución, o no votaron ésta, o lo hicieron a regañadientes, y con la voluntad, proclamada, de modificarla tan pronto como puedan. Y ello frente a una comunidad, la vasca, que, mayoritariamente, *no* votó la Constitución.

Temo que ese *juridicismo* no sea más que el parapeto tras el que se oculta apenas la *noluntad* (Ganivet, Unamuno) o voluntad de no hacer nada, dejar que la situación degenere en completamente *pourrie*, como diría un francés, y después… bueno, después, probablemente, el abandonismo. Es lo que, en cuanto a los conflictos internacionales, no-hacía y terminaba por hacer, demasiado tarde y de la peor manera posible, Franco. Es lo que tendía a no-hacer el Gobierno de UCD, heredero legítimo, sin ruptura, de aquél.

Lo cual nos retrotrae a una consideración de

responsabilidad histórica. Durante la guerra civil, el pueblo vasco —y no hay duda de que *sí* es necesario reconocer que, *entonces*, las opciones del pueblo vasco y el pueblo navarro fueron opuestas, lo sean o no hoy—, fue aplastado en una guerra vivida por él como *suya* —quiero decir, completamente diferente de la del Gobierno «republicano» de Madrid—, y que, naturalmente, lo que se sembró —o se arrasó— entonces, se cosecha —o se lamenta que falte— ahora: el sentimiento de unidad española de un pueblo al que se derrotó, sometió y persiguió en nombre, mil veces mil se ha pregonado así, de la unidad de España. Las situaciones históricas son irreversibles, lo que pasó, pasó, sigue pasando para nosotros, y pesando sobre nosotros.

Vivimos tiempos confusos. Me duele, y mucho, el terrorismo, pero me alarmaría que después de tantas víctimas suyas en impunidad, empezaran a caer terroristas muertos por doquier. Y mucho más que la ocupación por el Ejército de puestos fronterizos o de protección, mientras no pasase de ahí, me preocuparía que ella pudiese servir de pantalla a un posible desmadre de la policía, vuelta repentinamente entusiasta de la Constitución, aunque no tanto, al parecer, de la supresión de la tortura. La eliminación del terrorismo no podrá lograrse sin la colaboración del pueblo vasco y dar la sensación de que se procede contra él constituiría el peor de los errores.

¿Qué hacer entonces? A mi entender no hay otra opción practicable que la de buscar una solución *política* del conflicto. Existe, cuando menos, un interlocutor válido, el PNV. Responsabilizarle de la situación, hacer que asuma una identidad política sustantiva, y no a la zaga del radicalismo abertzale, exigirle que se autodetermine él mismo (y que no se limite a reivindicar una ambigua autodeterminación de Euskadi), y cargarle con el *efectivo* gobierno del País Vasco, me parece la única salida posible.

Pero se objetará: ¿y qué va a pasar con la «unidad nacional»? Estoy convencido de que al PNV no le interesa la ruptura de ésta (aun cuando, como vimos en el epígrafe anterior, en la situación de caos interno subsiguiente a una hipotética independencia, sería el inevitable beneficiario «europeo»), porque sus intereses se encuentran más amparados dentro de la comunidad hispánica que fuera de ella. (Y justamente por aquí, y sólo por aquí, por esta línea del desequilibrio económico, es por donde debería afirmarse la intransigencia del Gobierno, en defensa de las regiones pobres de España.) Sin embargo y pese a esta convicción, pienso también que es necesario emprender una tarea de desmitificación cultural del viejo concepto de «nacionalismo». Los nacionalistas vascos sueñan con una independencia nacional imposible en el mundo actual. (Y más imposible aún si, como pretenden los más radicales de ellos, intentan complicarla con una revolución socialista.) Los nacionalistas españoles, ciudadanos de una España cada día más sometida, más colonizada económicamente y, en fin de cuentas, en cuanto estilo de vida, y políticamente también, se aferran sin embargo, desesperadamente, a esa ficción de una «unidad nacional», en realidad «multinacional». La época de los nacionalismos toca a su fin.

¿Para que comience otra de grandes *comunida-des* concretas, autónomas, democráticas y, a la vez, supranacionales, como sería de desear? ¿O para que se afiance la de los grandes *imperialismos*, como es de temer?

La organización probable del mundo, en el supuesto, difícil, de que mantenga una estructura realmente democrática, ha de ser supranacional. Pero la comunidad supranacional, europea u otra, pasa necesariamente por las «naciones» en el sentido pre-nacionalista de esta palabra, en tanto que una «Europa de las patrias», como decía el nacionalista De Gaulle, es una contradicción en los términos. Como ya vimos, las posiciones de los nacionalistas ultras españoles y de los abertzales radicales vascos son rigurosamente simétricas y ambas, por igual, anacrónicas, con la atenuante, por parte vasca, de que se trata de una antigualla para ellos nueva, quiero decir, que jamás, hasta ahora, realizaron. Estoy persuadido de que, a más o menos largo plazo, se cobrará conciencia de esta obsolescencia del *nacionalismo político*. En cambio, la «nación», directamente arraigada en una cultura y una lengua —o manera de hablarla— propias, pero no estancadas sino en continuo renuevo, es la unidad cultural del porvenir. Y la *revolución cultural* es la que apunta a esas estructuras elementales de la vida cotidiana, de la vida de la «nación» con minúscula. Es decir, justo lo contrario de aquella abstrata y retórica «unidad de destino en lo universal».

Estamos cogidos, para desgracia nuestra, entre el golpismo y el terrorismo. ¿Podremos librarnos de su tenaza? No lo sé. Sé que debemos luchar por

88

conseguirlo. Si no lo logramos, la expresión empleada en un capítulo anterior habría de interpretarse así : la *democracia* —aquel sueño del verano de 1977— se quedaría, para nosotros, en una *pura invención*, un montaje, juego de niños mientras los mayores en poder les dejaron, el rato de unos meses, jugar, mera irrealidad.

una unidad del destino universal

V

EL MILITARISMO Y LA SUPUESTA «MORAL MILITAR»

EXCUSA

Como no soy militar, ni conozco apenas a militares ni, en fin, he estudiado nunca los problemas militares españoles, el presente capítulo será muy breve. Es verdad que, a propósito del filósofo Max Scheler, me he ocupado del tema «El militarismo y la moral». Pero evidentemente el militarismo alemán fue y, en la medida en que subsista, sigue siendo muy diferente del hispánico.

Confieso que mi falta de afición a los seriales me ha privado de ver ni tan siquiera una entrega televisiva de *Dallas*. Y de no ser por las instancias de personas allegadas, tampoco habría leído las entregas periodísticas del serial del Servicio Geográfico del Ejército. Pero ahora que las he leído, reconozco que «nada es verdad ni mentira» en este juicio más o menos traidor, como ha dicho el al parecer más letrado de los encausados, en cita que él pensaba popular y quedó en campoamoresca, pues todo es según el color del cristal con que se mira. Y se pregunta uno qué color militar será ese que hace ver las cosas completamente diferentes de como las vemos los ciudadanos de a pie; qué sindéresis la de quien, conociendo unas conjuras contra el régimen, que silencia porque se lo impone su honor, para evitarlas se lanza a su propio golpe; qué acatamiento al Rey es el de quien, en vez de informarse directamente de él, se resistió durante una noche a obedecer sus órdenes; y, en fin, qué respeto a la legalidad manifiesta una desconsideración absoluta de la Constitución por parte de todos los procesados. (Cuando se promulgó ésta ya escribí que, para algunos detentadores de poderes fácticos, ella, que supone expresión de la voluntad popular, no era más que un *juego* con el que se había dejado entretenerse a diputados y senadores, hasta que llegara la hora, ¿de la verdad o de la mentira?, del 23 de febrero.)

¿Qué se ha debatido en este juicio-serial? Por una parte, todo el mundo posee la *evidencia* (evidencia electrónica, acontecimiento nuevo en la historia: hasta ahora se había dado una evidencia televisiva en directo, la de la muerte del supuesto asesino de John Kennedy; pero ésta ha sido la primera evidencia en video) de unos hechos, evidencia que es un resultado previo a cualquier sentencia; y hay también, sin duda, unas *evidencias*, como cada vez se dice más con un anglicismo, es decir, unas *pruebas* que, ésas sí, habían de ser estimadas como más o menos convincentes por el tribunal. A un lado están, pues, Tejero con sus guardias y cuantos, por su cuenta y riesgo, se pusieron a su lado en el Congreso, y asimismo Milans del Bosch sacando en Valencia a la calle sus tanques y carros, y al otro quienes estaban comprometidos previamente en la conjura, o bien, sin estarlo, aprovecharon la ocasión de pescar en río revuelto; y esto es lo que tenía que elucidar el tribunal sopesando las pruebas aportadas. En el plano judicial, esta diferencia de situación penal entre el reo según la *evidencia* —Tejero, Milans del Bosch, sus secuaces— y el reo según *evidencias o pruebas* —Armada y los suyos— es fundamental. Es verdad que las simpatías del público que asistió a la proyección del juicio estaban del lado de Tejero y Milans, pero ¿qué importancia tiene ese reducidísimo grupo comparado con la opinión nacional, que, desde el punto de vista moral, aprecia poca diferencia entre los dos modos de *antihe-roísmo* y falta de gallardía, y del «¡sálvese quien pueda!»: descargar la responsabilidad en el Rey, a la vez que se responde siempre con jactancia cuando no insolencia; o pretender que no se tuvo nada que ver con la conjura, pero que, a última hora, y «para salvar la situación», aunque parezca y sea taimado, se ofrece uno como mediador... ¿para hacerse con la presidencia del Gobierno?

Mas sigamos con el punto de vista que acabamos de introducir. Para juzgar no en Derecho, sino en el plano de la mera moral, en el que todos, y particularmente los moralistas, algo podemos decir, se observa que implícitamente en todas las declaraciones de Milans del Bosch, y por modo muy explícito en la desafortunada carta que dirigió a Gutiérrez Mellado, se invocó el concepto ético del honor. Y es verdad que en otros tiempos, ya lejanos, estuvo vigente una *moral estamental del honor.* Esta moral no era exclusiva de los militares: cada estamento invocaba su propio código moral, aunque —también es cierto— en aquella sociedad rígidamente jerarquizada el honor —que, sin embargo, es patrimonio del alma, de toda alma— aparecía como inherente al noble, al guerrero y a su epígono, el militar.

La moral del honor —que, por lo demás, fue la moral *vivida* por los griegos y por otros pueblos— no era una moral personal y menos, si cabe, de la conciencia propia, sino de la estima y el reconocimiento sociales: son *los otros* quienes, como en un tribunal, pero no penal, sino social, juzgan y, en su caso, condenan. Mas ¿quiénes son esos *otros?* En la Grecia clásica, los ciudadanos de la polis. Hoy, en cuando menos una parte del Ejército español, anacrónicamente, la palabra moral del honor, cerradamente estamental, corresponde, *exclusivamente*, a los miembros del estamento. Y así Milans pudo mentir —no digo que lo hiciera, digo que *pudo* hacerlo— en relación con Armada y el CESID, porque, en la ruptura militar que se ha producido, Armada y otros muchos se pusieron de parte del Rey, mientras que él y los suyos representan una mítica, no sé si Monarquía o Dictadura *ideal*, dentro de la cual el honor es patrimonio suyo y de nadie más.

Curiosa mentalidad la de este personaje anacrónico —prefranquista, «monárquico sin rey»— que es Milans de Bosch, del que se nos exhibió una brillante hoja de servicios, en la que yo, que no tengo ni quiero tener condecoración o distinción alguna, eché de menos la Laureada. Él, al frente de la División del Maestrazgo, la tecnológicamente más poderosa, después de la División Acorazada de Madrid, iba a salvar al país, en contra de la Constitución y en nombre de un concepto del honor que pretende exclusivo de él y de los suyos, aunque infrinja lo que los demás mortales, sin erigirlo, por nuestra parte, como criterio supremo, entendemos por honor. No hay duda de que es mala cosa vivir dentro de un compartimiento estanco, cualquiera que éste sea.

Hasta ahora, los militares y sus familias tenían sus cuarteles y sus cuartos de banderas, sus casas militares, sus escuelas, sus economatos, sus hospitales, sus prisiones, sus clubes, hasta sus hoteles. Ahora tienen su propio serial de televisión, en circuito cerrado, y lugar *exclusivo* donde reunir-

97

se (y del que, llegado el caso, se expulsa a los periodistas, únicos españoles, supongo, que no pertenecen al estamento, que tuvieron entrada allí). Estos asistentes, coreando a los defensores, intentaron llevar a cabo un proceso —paralelo al penal— de magnificación. Magnificación ¿de quién? En principio, y aparte Milans, depositario mitificado, como ya hemos visto, del honor militar, estaba Tejero. Cuando yo era chico era usual la antimilitarista expresión de *las militaras*. No todas las esposas de los militares eran denominadas así, sino aquéllas —en todos los grupos sociales las hay— a la vez ordinarias y vociferantes. ¿Serán *militaras* las que adquieren en las joyerías o bisuterías, o en los puestos de venta ambulante en la calle, miniaturas en oro o similor de los *atributos* de Tejero? La mitificación de este otro personaje es, por una parte, muy fácil, fue el único que, desde el principio, dio la cara; mas, por otra, tan zafio, sumamente difícil. Pardo Zancada, perdedor por elección y compañerismo —el *honor* militar otra vez, con todas sus contradicciones, y la compatibilidad con la desobediencia a su jefe, cuyo procesamiento echó de menos, y con el ocultamiento de la verdad—, es otro mitificable, pero sólo a los ojos de los más exquisitamente exigentes. Y fuera de la sala, y aun fuera de la simpatía *expresa* por la rebelión, se pudo comprobar que había otra mitificación en marcha, la de quienes —neutralmente, objetivamente— alababan el excelente planeamiento técnico del golpe. El elogio iría aquí a los miembros del CESID implicados y —en medio de la previsible indignación del público de la sala—, en definitiva, a Armada (en el supuesto de la implicación de éste en el intento). Son, sin duda, algunos de los que protestan de que la *inteligencia* falta en la derecha —lo que, que yo sepa, no ha negado nadie—, en este caso, en la extrema derecha. Y el hecho de que en España, con mejor gusto que la CIA, a esa *inteligencia* se le llame *información* sería una prueba de inteligente modestia.

Termino diciendo que lo más interesante para mí de este juicio —que yo habría concluido, si de mí dependiese, echando a la calle a todos, con lo que se evitaría la continuación de los intentos de mitificación— es su, por decirlo así, *visionado*, el carácter de *video* que tomó, y que mi amigo Máximo nos hizo *ver*. ¿Ocurrió, de verdad, el 23 de febrero? ¿O fue mera *imagen*, montaje trucado de una realidad inaprehensible, inexistente, *irrealidad* más bien? Aunque, por escépticas, impropias de militar, quien, según se supone, debe serlo siempre de una pieza, las palabras de Armada, pese a su literaria vulgaridad, fueron las más profundas que se dijeron respecto a aquella fecha: todo, en ella, es verdad y es mentira. En definitiva, *ficción.*

P.S.   Muchos meses después del juicio, cuando este libro aparece, todavía no hay sentencia firme sobre él. ¿Es esto comprensible, para quien piensa ingenuamente, en juicio que tendría que haber sido sumarísimo?

LA MORAL MILITAR

Los juristas están de acuerdo en la falta de calidad técnico-jurídica del juicio oral del 23-F, tanto por lo que se refiere a los alegatos —impresentables— de los abogados defensores como por lo que concierne —y esto es lo grave— al rigor conceptual de la sentencia. Pero mi propósito no es el de insistir en el carácter de «chapuza jurídica» que todo tuvo, ni tampoco el de subrayar cómo la falta de autoridad y, en definitiva, de gobierno, del Gobierno, permanentemente sentado en sus sillas de tijera, levantó el polvo que ha traído estos lodos. Lo que quiero mostrar es que la Ley misma hizo posible esta sentencia y que tanto esa Ley como la setencia manifiestan una concepción del hombre militar según la cual éste, en tanto que subordinado, se ve exento de toda responsabilidad moral y convertido en robot a la vez que, contradictoriamente, es levantado moralmente por encima de los «paisanos».

La existencia de una jurisdicción militar sólo es concebible sobre el supuesto de una estructura estamental de la sociedad, con el Ejército en su cúspide, y de una moral estamental del Ejército en cuanto tal. ¿Es congruente esa concepción feudal del guerrero, provisto de su moral propia, con una organización tecnoburocrática de las Fuerzas Armadas, no ya simplemente mercenarias, como lo fueron en la época de los Tercios, sino presupuestariamente *pagadas* por los ciudadanos civiles? En otro tiempo los guerreros eran los únicos que hacían y padecían las guerras. Luego, en la época moderna de «la nación en armas» y el servicio militar obligatorio y, hoy, en la época de la *guerra total*, los militares son los únicos que viven económicamente de la guerra —actual o potencial— en tanto que los ciudadanos en edad militar tienen que hacerla sin remuneración y la población civil entera de hecho la sufre como si efectivamente la hiciera. Invocar pues, hoy, una *jurisdicción especial*, sobre la base implícita de una moral estamental del cuerpo militar, es una antigualla antidemocrática.

Ser militar, en régimen democrático, no es moralmente mejor —tampoco peor— que ser civil o, como los militares suelen decir, «paisano». El señor Milans del Bosch manifestaba su talante moral estamental cuando, según un resultando de la sentencia, excluyó de una reunión conspiratoria al lamentable García Carrés por ser «paisano». Y la sentencia, al tomar en consideración la «obediencia debida» y, diciendo que no la aplica, desarrollarla para la Guardia Civil, bajo el irracional concepto de «obediencia ciega», convierte a los oficiales en simples robots (más bien paleorobots, pues que los actuales son capaces de superar ese «error no vencible») que, de acuerdo con el juicio que de ellos emitió la sentencia, deberían ser separados del Ejército simplemente por su cociente intelectual subnormal, inalterado a través de 17 horas de «situación permanente de subversión de la legalidad», secuestro del Gobierno y del Congreso de los Diputados y caso omiso del mensaje del Rey (caso omiso extrañamente convertido por la sentencia en «fidelidad a la Corona»).

A esto se agrega que la sentencia, después de haber asentado, para esta clase de delitos, el «carácter absolutamente objetivo, sin mezcla alguna de elementos subjetivos e intencionales» de la apreciación del hecho delictivo, entrando en contradicción consigo misma, consideraba como atenuantes, y en su caso eximentes, la «creencia basada en su desinteresado, bien que exacerbado, amor a la Patria, a su unidad y [*sic*, increíblemente] a la seguridad de las Fuerzas Armadas», así como el «acreditado patriotismo» de los rebeldes. Tales dislates sólo se hacen comprensibles sobre el supuesto, en el que los juzgadores «están», sin darse cuenta siquiera de él, de que el militar, todo militar, por serlo, es el depositario privilegiado, por no decir exclusivo, del amor a la patria y de la «honorabilidad». (La sentencia, tras el deshonroso espectáculo que dieron los procesados durante el juicio oral, encubre así el concepto del «honor», otra pieza fundamental de la moral estamental militar.)

Otros han mostrado que esta sentencia es jurídicamente injusta. Según vemos aquí, el supuesto último de esta injusticia, más allá de sus incorrecciones técnicas, es de carácter ético: el de la existencia de una moral estamental militar superior a la de los civiles (paisanos). La supremacía política del poder civil no acabará de afirmarse mientras no internalicemos todos la superioridad moral, no del hombre civil sobre el militar, pero sí, para decirlo con palabras de Miguel de Unamuno, la de la *civilización* sobre el militarismo.

POR UN EJÉRCITO ESPAÑOL DIFERENTE

Dije al principio de este capítulo que conozco personalmente a muy pocos militares. Conozco, sí, a los generales Díez-Alegría y Gutiérrez Mellado. Del primero puedo imaginarme su concepción del Ejército. En cuanto al general Gutiérrez Mellado es un militar que comprendió bien la necesidad de modernización de las Fuerzas Armadas españolas, y su estrecho contacto con el mundo civil le ha sacado del lamentable «aislacionismo militarista» español. Y a esa misma concepción de lo que ha de ser un Ejército moderno al servicio del Estado responde su respeto a la Constitución. Yo no sé cuál será el grado de popularidad de que pueda gozar en el Ejército este militar. Pero si desvinculamos las palabras «inteligencia» e «información» del pseudotécnico significado que han cobrado en la jerga más o menos militar, es precisamente información, inteligencia, asimismo, capacidad tecnológica al día y estrecho contacto con el .mundo civil lo que nuestro Ejército necesita para no permanecer en el estadio histórico de «guerras contra Marruecos». Pues si se me permite y no se toma a mal el juego unamuniano de palabras, es urgente la plena «civilización» de todos los militares.

En España tiene que desaparecer la cerrazón sobre sí misma de un supuesto «estamento» militar. Lo que en el fondo se quiso censurar en Gutiérrez Mellado es que no se ha encerrado nunca en esa pretendida casta, en ese presunto estamento. Y desde este punto de vista, fue un error suyo, o quizá una concesión, o tal vez un tic, la apelación a una «ética militar». No hay tal ética separada. Lo único que hay para los militares, igual que para los demás, para cualquier otra profesión, es una deontología, un conjunto de deberes específicos de su oficio. Pero su ética, su moral, no puede ser otra, unitaria o pluralista, que la de los demás ciudadanos, y es en cuanto ciudadanos como podemos y debemos pedirles moralmente cuentas. Lo demás es cosa de los jueces.

VI

LOS INTELECTUALES Y LA POLÍTICA

PRÓLOGO

falta de comunicación

Este capítulo último se compone de seis artículos escritos entre 1979 y 1981. Los incluyo aquí (con algunas supresiones de párrafos demasiado circunstanciales para conservarlos en un libro) y precisamente para cerrar esta obra, porque me parece que el defecto más grave de la política efectuada hasta el nuevo Gobierno de comienzos de diciembre de 1982 ha sido su falta de comunicación con la sociedad y su falta de voluntad de diálogo con aquellos a quienes compete entender ésta: los intelectuales, intelectuales individuales e intelectuales colectivos u órganos periodísticos independientes. Y creo que en este defecto han incurrido, con los gobernantes, *todos* los partidos políticos, incluido el socialista. Con la esperanza de que esto no siga ocurriendo y para contribuir mínimamente a que aquélla se cumpla, los reproduzco aquí. Como escribí en otro artículo que no se incluye, existen, junto a los líderes políticos, líderes político-intelectuales —piénsese en un Ortega, en Sartre, en Marcuse—. Esperemos que la nueva época nos traiga, con los otros cambios, un cambio radical de actitud del político con respecto al intelectual: pleno cumplimiento de aquella prenda y promesa que se entregó e hizo un mes justo antes de las elecciones, en la tarde del 28 de septiembre.

LA POLÍTICA Y LA NUEVA SOCIEDAD

Paulatinamente a lo largo del franquismo y aceleradamente a partir de 1960 fue emergiendo hasta surgir decididamente una *nueva sociedad española* (así la llamé yo por entonces), diferente por completo de la costra política que la recubrió hasta el 20 de noviembre de 1975. ¿Puede decirse que a partir de esta última fecha, lo político se ha ido ajustando, cada vez más ceñidamente, como el guante a la mano, a lo social? En un corto período, desde el referéndum de diciembre de 1976 hasta las elecciones de junio de 1977, pareció que sí. Ha sido la breve época feliz de las nupcias españolas con la democracia. La separación, por ahora todavía amistosa, se produjo pronto. La «clase política» se entregó al corte y confección de un texto constitucional —la mejor, como siempre, de todas las Constituciones posibles— en el estilo y las expectativas propios del siglo XIX; y antes, durante y, sobre todo, después del parto constitucional, se dedicó a la disputa del Poder. Entretanto el país, cada vez más vuelto de espaldas a la carrera competitiva de los partidos, iba a lo suyo: a, cuando menos, mantener el nivel de vida ya logrado, el automóvil, el equipo completo de aparatos electrodomésticos, la segunda residencia para el verano y los fines de semana, el dinero de bolsillo para el aperitivo, el cine, la cena fuera de casa una vez a la semana y el ir de compras. En la «revolución» ya no piensa casi nadie; las nacionalizaciones le parecen al trabajador un mal asunto, la cogestión, un timo, y la autogestión —salvo a unos cuantos «socialistas utópicos» al estilo de los premarxistas— una irrealista experiencia que no vale la pena de ensayar. La masa de los trabajadores limita sus aspiraciones a un aumento salarial que compense —si es posible, con unas pocas creces— la inflación, y a una progresiva reducción de la jornada laboral. Estoy convencido de que esta mayoría de la población, asistida de una voluntad resuelta de integrarse en la llamada «economía social de mercado», pasaría su voto, llegado el momento, a una derecha que, abandonando nostalgias franquistas, adoptase sin reservas lo que llaman democracia y, mediante la inversión de cuantas divisas exporta o retira de la circulación, acabara con el desempleo. El triunfo de los conservadores ingleses en un pasado todavía no lejano es el mejor vaticinio de lo que habría de ocurrir aquí si nuestra derecha, lo que no es fácil, se volviera inteligente.

¿Concluirían con ello nuestras cuitas? Las estrictamente políticas sí, pero las otras, de ningún modo. La juventud se siente completamente ajena a la sociedad política establecida. Una minoría, felizmente reducida —ETA y Grapo a la izquierda (o lo que sea), Fuerza Joven a una derecha algo menos desatentada—, se da a la *violencia* y a su exaltación, a una «moral de la violencia». (Estoy hablando en serio: por eso no menciono a los dirigentes, al notario de Madrid Blas Piñar, que ha tomado el relevo del notario de pueblo Raimundo Fernández Cuesta. ¿Cabe imaginar una profesión menos *radical* y más perfectamente *dans l'ordre* que la notarial?) La gran mayoría de los jóvenes sencillamente se desentiende y se entrega a la «moral de la vagancia» (tan respetable, piensan, como la del trabajo), a la experiencia *erótica* en todas sus variedades, a la *psicodélica* (lo mismo), si se es más «responsable», a la *ecologista*, si se es más anticipatorio, a la *religiosa* (que no es una garantía contra la violencia —nunca lo ha sido necesariamente, ni en la época de la inquisición ni en la del Templo de Dios— ni en favor del orden establecido —religiones libertarias).

Cada sociedad posee sus ritos, sus mitos, su moral y también sus vicios, todo ello ligado en su correspondiente unidad cultural o subcultural. La sociedad establecida sacramentalmente ritualizó el matrimonio y, residualmente, en la ceremonia republicana del matrimonio civil (o cívico) francés. (Hay que haber asistido a una de esas ceremonias laicas para advertir cómo prolongaban, o intentaban prolongar, la religión cívica de la diosa Razón.) Pero una liturgia laica es ya una liturgia que ha entrado en la vía de su abrogación. Las comunidades juveniles actuales han desritualizado las bodas. Casarse empieza a ser como ponerse corbata, algo que únicamente se acepta por razones «burocráticas» o por razones «de sociedad»: usos administrativos de trabajadores de «cuello blanco», usos en definitiva no menos administrativos que los anteriores, a los que se accede para contentar a unos padres anticuados. Se introducen en cam-

113

jóvenes

bio, aunque con creciente «informalidad» —más aparente que real— nuevos ritos y nuevos mitos.

Cierto que la juventud no es una «clase social» y que de ella «se sale». (A veces ni se llega, de verdad, a entrar: hay jóvenes que nacieron ya viejos.) Sí, pero nuevos jóvenes vienen, indefectiblemente, a ocupar el puesto de quienes no lo fueron nunca o dejaron de serlo. ¿Se desentenderán de ellos los políticos, para no prestar atención sino a los secularizados adventistas de la nueva —y ya vieja— sociedad industrial avanzada? Sería, sin duda, gravísima negligencia, mas ¿*pueden* entenderse con ellos? Ahora bien, una función del *intelectual* es precisamente la de entender lo que ocurre en su entorno, entender la nueva sociedad.

SOBRE EL CONCEPTO
DE LA REALIDAD POLÍTICA

Frente a la confusión tempranamente nacional-
catolicista, sustentada por el Imperio español, de
la Iglesia y el Estado, de la comunión confesional
y la convivencia de ciudadanos de diferentes
creencias, de la religión y la política, pero evitan-
do a la vez, por el otro extremo, la subordinación
por Maquiavelo, de la religión (y los demás valores extrapolíticos) a la política, en Francia, por
obra, en el plano teórico, de Jean Bodin, y en el
de la praxis por el partido de los denominados,
por antonomasia, «políticos», de entre quienes surgió el gobernante cardenal Richelieu, se llevó a
cabo el deslinde de un ámbito, precisamente el de
«la realidad política», en el que se haría posible
la convivencia cívica de todos, dentro del mismo
Estado, por mucho que discrepasen en otros terre-
nos y, particularmente, en el religioso. (Recordemos las «guerras de religión» que estaban asolan-
do, por entonces, el país vecino.) Este proceso
—necesario— de secularización del Estado y de
la vida civil culminó, tras corregir las desviacio-
nes laicistas de una cabal laicidad, en esa conquista moderna que ha sido la separación de la Iglesia
y el Estado (que la jerarquía española, en muchos
de sus prelados, está todavía lejos de haber com-

prendido y asimilado). La gran aportación francesa a la ciencia y a la praxis política ha consistido pues en la constitución de un ámbito autónomo —y «neutral» con respecto a cosmovisiones, metafísicas, escatologías, trascendencias axiológicas— que por ello puede y debe acertadamente llamarse «realidad política».

No es éste el lugar donde proceda discutir la posible desmesura de una autonomía total de lo político, con su secuela de una temible «razón de Estado», concepto, sin embargo, de raíz mucho más maquiavélica que bodiniana. Ni es el lugar ni, felizmente, se siente hoy, en el plano de la teoría y en el del modo de ser, la necesidad de prevenir contra posibles excesos, pues el talante actual, mucho más cercano de la acracia que de la estatolatría, tiende a relativizar no sólo esta pretendidamente absolutista primacía del Estado, sino la centralidad misma, para la vida humana, de ese acotado recinto de «la realidad política». No se acaba de entender el actual descrédito de los políticos si no vemos que, más allá de su torpeza en cuanto tales, se trata de una desvaloración de la esfera política misma. Que esta desvaloración proceda, como ellos tienden a pensar, de una pérdida de entrenamiento democrático o, más bien, como otros creemos, de un entendimiento de la democracia que no se conforma con su praxis alienada del pueblo y de las bases e hipostasiadamente parlamentarista y gubernamental, es otra cuestión.

Como quiera que sea, me parece, en efecto, característica de nuestra época el creciente interés por otros «espacios» —el del tiempo libre y la vida cotidiana, el ecológico, con la preocupación ecologista, el psicodélico, el de las pacíficas revoluciones socioculturales y sociomorales— ajenos al de una «realidad política» que, considerada como «politicismo», tiende a ser dejada en manos de quienes han hecho su profesión de la política. De la cultura establecida formaba parte la sólo semiestablecida *cultura política* de la democracia, es decir, el régimen actual en cuanto forma político-cultural. ¿Es sólo la causa de la innegable incultura política de muchos españoles la carencia de esa base cultural a la que nos hemos referido? ¿No es esta incultura, en parte al menos, más bien atonía cultural? Y tal atonía cultural ¿no es respuesta coherente a la política entendida como lucha por el poder y maniobras politiqueriles? En diversas ocasiones me he referido a la tensión entre el oficio intelectual aplicado a la política y las actividades de los «animales políticos», y parece indiscutible una cierta contradicción entre la reflexión político-cultural y la praxis político-coyuntural.

Personalmente pienso, sin embargo, que esta despolitización es equivocada, incluso, y particularmente, desde el punto de vista de quienes pensamos que el quehacer político no es el más importante quehacer humano, porque la viabilidad colectiva de esos otros quehaceres a los que damos primacía se decide precisamente en el plano de las decisiones políticas. La «realidad política», aun cuando menos autónoma y menos fundamental de lo que sostuvo la ciencia política moderna, constituye una auténtica realidad.

Mas ¿qué tiene que ver ese concepto clásico de «realidad política» con lo que respecto de él en-

117

tendían nuestros políticos hasta ayer mismo? Nada. «Realidad política», para nuestros sedicentes políticos de izquierda significaba el pretendido conocimiento en detalle de unos para nosotros, los legos, *arcana regni*, es decir, de las amenazas, intromisiones y presiones de la instancia potencialmente golpista del Ejército. Ahora bien ¿es propiamente «política» esta mediatización —internalizada por nuestros políticos— del golpe? Sólo en el sentido de la afirmación famosa de que la guerra —en nuestro caso la conminación bélica de un terrorismo militar— constituye una continuación de la política con otros medios. Y con esto desembocamos en otra realidad que sí es plena y lamentablemente política: la de esa decisión o, mejor dicho, indecisión, vano intento de racionalizar el miedo, según la cual el mejor modo de defender la Constitución es ir renunciando, artículo por artículo, a ella, y la única manera de preservar la democracia es ejecutar, desde el poder legítimamente constituido, la voluntad de los golpistas. Ah, pero eso sí, conservando el Parlamento.

La verdad es que yo, desde que empecé mi colaboración regular en *El País* (la de *La Vanguardia* había comenzado mucho antes), coincidiendo con el acceso a la Presidencia del Gobierno de Adolfo Suárez, no he hecho sino ocuparme de política, aun cuando, por supuesto, sin entrar en su «juego», porque no me va ese juego de la competición para ganar la apuesta que en él se disputa, el Poder. Yo creo que los intelectuales tenemos poco que hacer en tal contienda. Votada la Constitución en el referéndum, tras esa «misión cumplida» y previsto ya lo que iba a ser la lamentable campaña electoral, di por clausurada con esa etapa también la mía propia, y de ahí que el primer artículo de la nueva serie se titulara, precisamente, «Hablemos de otra cosa». Naturalmente que, pese a ello, y aunque menos expresamente, continuaré hablando de «lo mismo». Pero evidentemente hemos sido muchos —aunque a casi nadie le interesa ahora subrayar el hecho—, nada menos que casi una tercera parte de los electores, quienes, sin ser pasotas ni casi ácratas, nos hemos abstenido de votar ninguna candidatura cerrada —en mi caso, sin embargo, cumpliendo el acto ritual de votar— con el fin de *decir a todos los par-*

tidos que, ni siquiera como estrechamente político, podemos aprobar su juego de puro asalto
—sin razón, sin ideas que, en el supuesto de que
se tengan, cuidadosamente se silencian— al Poder.
Por lo cual nuestra oposición, qué remedio nos
queda, no puede ser sino cultural. Por lo demás
todo indica ahora que vamos a un Gobierno de
centro-derecha que, como tal, será impermeable a
la cultura y del que lo más que podemos esperar
—y no sería poco— es que, infundiendo confianza
a la inversión, alivie el paro. En las circunstancias
actuales, lo peor que le podía ocurrir al PSOE
—aunque eso le gustase a Carrillo, o por eso mismo— es que hubiera entrado en el Gobierno. Así
pues, y como decían antes los padres a sus niños,
hemos obrado «por su bien» y nuestras abstencio-
nes podrán servir para que él, y con él los demás
partidos de izquierda, empiecen a ocuparse de la
transformación cultural del país, sin la cual no
habrá transformación política real, tanto menos
cuanto que la transformación económica profunda —la que no ocurra por la vía de la multiplicación del consumo, que a todos sorbe el seso o,
como se dice ahora, come el coco— es algo a lo
que, por ahora, *todos* han renunciado.

De todos modos yo soy un punto menos pesi-
mista. En primer lugar porque, a mi juicio, los partidos son menos malos que la imagen que de sí
mismos proyectan durante su campaña electoral.
Ésta, al disputarse los partidos de izquierda todos
y los mismos potenciales votos de izquierda, y los
de centro-derecha todos y los mismos votos de
derecha, les fuerza a que, como en el juego de
prendas, oculten cada cual la suya, su idea, su

120

diferencia, que es lo que importa, distingue y define. Toda campaña publicitaria —y la campaña electoral no es más que una campaña publicitaria más— se hace sobre la base de imágenes, *slogans* y, a lo sumo, logotipos, *lettering*, musiquillas y símbolos visuales. Mi amigo Francisco Fernández-Santos está mal acostumbrado porque Francia es un país muy intelectualizado, en tanto que nosotros todavía no hemos salido —y ni Dios sabe cuándo saldremos— del desierto cultural del franquismo. A mí, aunque el lector no lo crea, y aun cuando no le conozca personalmente, me es simpático el presidente Suárez, pero ¿cree alguien que podría ser primer ministro de un Gobierno francés? ¿Y era Franco culturalmente comparable a De Gaulle? El mismo Fraga ¿será, de verdad, tan primario, tan intelectualmente tosco como visceralmente se manifiesta ante su clientela? Y al probo y beato notario Blas Piñar ¿quién —como no sea Ava Gardner— le habrá metido en esos líos neofascistas que tan mal le van? Bueno, pues ésos son los indicadores reales del estado de la cultura en nuestro país.

Jugar a la cultura es pues lo mejor, por no decir lo único que nosotros podemos hacer. Pero conviene ponerse de acuerdo sobre la significación que damos a la palabra «juego». El juego político es muy parecido al del bingo y los demás juegos de azar, a las quinielas y a las carreras de caballos. Nuestro juego, el de la cultura, el de la vida, es, como ya vio Ortega, perfectamente serio, y los que hoy jugamos a él no esperamos nada, ni siquiera conquistar, pelagianamente, el premio de la vida eterna. Así pues pienso que, creativa

o no, es la nuestra una actitud «éticamente valiosa» y que, en la medida de nuestras escasas posibilidades, «llama al orden» a los profesionales de
la política. No es mucho pero es, de todos modos,
algo. Hacer frente al Poder —también al de la oposición— es nuestro cometido.

Hacer frente al
Poder
es nuestro
cometido

INTELECTUALES EN LA CALLE Y EN LA UNED
(1979 TAMBIÉN)

Muchos españoles se preguntan en estos años postfranquistas de aburrido politicismo y despolitización dónde están los intelectuales. El semanario *La Calle*, aparte retratar algunos de ellos en la calle o la plaza, la de Oriente, nos cuenta dónde efectivamente, en qué ciudad o barrio, en qué calle están, qué hacen y cómo están volviendo, igual que el zapatero del cuento, a sus zapatos. Y sí, es verdad, vuelven a trabajar, o no dejaron nunca de hacerlo, en lo que les incumbe. Pero a la vez, porque es también incumbencia suya, ocupándose, no del tejemaneje cotidiano de la política profesional, pero sí siempre —aunque parezca otra cosa— de la teoría y de la praxis política.

Hace algunos días leía en la prensa madrileña un artículo del profesor Raymond Carr sobre cultura y política en España. Y es verdad que, por influencia francesa, el intelectual es visto y se ve en nuestro país como mucho más influyente de lo que en realidad es. Sí, goza de mucho «prestigio», pero buena parte de él es, como denota la etimología de la palabra, engañoso. Carr y también nosotros nos miramos en el espejo de Ortega, cuya posición familiar en la política y el periodismo y cuya garantía o marchamo intelectuales en una vasta empresa acometida aprovechando una coyuntura socioeconómica favorable —la más vasta empresa económico-cultural acometida en España— fueron decisivas para la «apariencia» de poder, poder intelectual, de la que gozó. Sí; los intelectuales disponemos en nuestra prensa de mucho más espacio que los ingleses en la suya, y jugamos a mentores y guías de la nación. (Yo, personalmente, mucho menos de lo que Carr me atribuye.) Bien, es nuestro «papel». Me pregunto sí, para representarlo, disponemos de mayor espacio que las artistas de cine o los jugadores de fútbol para el suyo.

Nosotros estamos en la calle y, a lo sumo, en *La Calle*. Quienes están en el Congreso, salvo alguna excepción y algunos comparsas, no son intelectuales, y la función de gobierno, sin que incumba a «hombres de segundo orden», aunque con frecuencia y por desgracia, en ellos recaiga, no es función intelectual. Creo que a nosotros nos cuadra mejor estar en la calle —lo que no es fácil— y en el diario, el semanario, la revista, el libro, que en el escaño o en el banco azul.

Pero hay un término medio: estar en la cátedra, en la universidad. Cerca de esa «base», alejada de la política al uso, que es la juventud. Algunos de nosotros eso es lo que, por encima de todo, hemos querido hacer y hemos hecho mientras nos ha sido posible. «Donde una puerta se cierra, otra se abre», dice una vieja leyenda —leyenda, en su doble acepción— abulense. Alguien me recordaba, hace unos días, que cuando se fundó la Universidad Nacional a Distancia, yo me burlé públicamente del franquista engendro. Puede ser. Simétrica-

124

mente a como el Consejo Superior de Investigaciones Científicas abría, con una fachada tras de la que no había nada, la farsa cultural del franquismo, esta *Open University* encanijada en academia por correspondencia, vino a cerrarla. ¿Qué hacer entonces con un artefacto, hoy por hoy, por carencia de medios económicos, imposible de ser convertido en auténtica universidad a todos abierta y que a todos llegue? El problema, tan actual, del enfrentamiento entre la educación institucionalizada y, en gran parte, meramente reproductora, anquilosada, «oficial» (por muy «privada» que sea) y la cultural, buena o mala, de calidad o subcultural, pero que las gentes absorben como «viva», es difícil de resolver en una síntesis vital. Pero en la UNED se ha comprendido que, *mientras tanto*, y quizá también después, en ella puede hacerse lo que en ninguna otra universidad del país se hace: invitar a los profesores, a todos, y en especial a los de bachillerato, y a cuantos no profesores quieran, libremente, a asistir, a participar en jornadas de estudios, a mantener viva su vocación investigadora, a reactualizar sus saberes (esto es la «educación permanente» que todos necesitamos) y a comunicarse interdisciplinariamente sus conocimientos.

Parece que todos coincidimos en que la peor secuela que padecemos, entre todas las que el franquismo nos ha dejado, es la general desmoralización. Sí, tiene razón César Alonso de los Ríos: mucho peor que el «desencanto» es la desmoralización colectiva en la que todos, quien más, quien menos, estamos sumidos. Y por eso nada más oportuno, en la inauguración de esas actividades de la UNED a las que acabo de referirme, que la celebración de una semana de ética (e historia de la ética). De teoría ética, por supuesto. Pero también, como uno de los participantes afirmó, de «resistencia ética» (paralela a la «resistencia política» durante el franquismo) frente a la animalización, mecanización y burocratización de la existencia; y, como otra participante declaró, de la «ejemplaridad» moral frente a la vana recitación de unos principios vaciados, en la práctica, de contenido. Remoralización que sin ceño adusto o puritano, nos devuelva el saber-sabor de la vida y nos saque del asfalto y la contaminación material y moral para llevarnos —lo diré con las palabras propias de otro ponente, helenista éste— no tanto a las «academias», «liceos» y «pórticos», como al «jardín» de una vida placentera, comunitaria y compartida, felicitaria.

Probablemente, y además de vigilar y decir *no*, es para soñar cosas así, y no para ocupar puestos políticos, para lo que estamos quienes no presuntuosa, sino modesta, marginalmente —lo presuntuoso hoy es ser «tecnócrata» o, cuando menos, «experto»— nos consideramos intelectuales.

¿HAY LUGAR PARA LOS INTELECTUALES EN LA POLÍTICA?

¿Por qué no intervienen los intelectuales en la política activa y militante? Es ésta una pregunta que se nos hace con frecuencia, como si, realmente, fuese procedente, como si, en efecto, hubiese, en aquélla, sitio para nosotros. Durante el siglo XIX, de parlamentarismo retórico con ribetes dialécticos, algunos escritores, más brillantes y elocuentes que rigurosos, representaron un papel, en definitiva, políticamente menor. En épocas de desconcierto profundo, como la de las vísperas del advenimiento de la República, un Ortega pudo adyuvar a él y, más tarde, Azaña sirvió de prenda y caución republicana al triunfo del Partido Socialista, que no deseaba. ¿Cuál fue la relación de los intelectuales con el Partido Socialista? Es un tema que, estudiándolo en *un* caso único, sí, pero privilegiado, se ha planteado María Dolores Gómez Molleda en su libro *El socialismo español y los intelectuales*.[1] A través de las cartas de los líderes obreristas a Unamuno la autora percibe cómo, una vez mínimamente afianzado el

1. *Cartas de líderes del movimiento obrero a Miguel de Unamuno*, con una primera parte, a la que directamente se refiere el título principal, original de la autora. Ediciones Universidad de Salamanca, 1980.

partido y aprovechando, por una parte, el descrédito general de los partidos de la Restauración y, por la otra, la sensibilización epocal para el problema social, los directores de las revistas socialistas se congratulan de su acercamiento al partido y le invitan, una y otra vez, continuamente, a colaborar en ellas. Particularmente el período que transcurrió de 1898 a 1909 —dos fechas históricas— fue el de máxima aproximación de los intelectuales —recordemos al Ortega joven— al socialismo.

En cualquier caso, el hecho de que el Partido Socialista español fuese, desde el principio, rigurosamente obrerista y *Obrero*, reticente para los «chicos de letras», muy obsesionado por los problemas de organización del naciente aparato y muy poco interesado por los de la libertad de pensamiento, produjo una incomodidad cierta en los intelectuales cercanos a él. Y entre quienes se mantuvieron dentro, Besteiro llevó a cabo una cierta escisión entre su personalidad socialista y su personalidad profesoral, y don Fernando de los Ríos, con su gran personalidad intelectual y su muy escaso peso dentro del partido, servía a éste para mostrar, tantas veces como fuera preciso, prestancia cultural y testimonio de apertura para posiciones no estrictamente marxistas. (Es curioso: en el epistolario que comentamos, las cartas que, *humanamente*, nos interesan más son las de los «heterodoxos»: las abundantes de Timoteo Orbe, el más ferviente seguidor de Unamuno, las moderadas de José Aldaco, las discrepantes de Felipe Trigo y las exaltadas de Tomás Meabe. Lo que no obsta a que entendamos el juicio que a Besteiro merecía todo este «socialismo inventado, arbitrario, personal e inexistente».)

¿Han cambiado mucho las cosas de entonces acá? Retirado ya, al parecer definitivamente, Enrique Tierno Galván del quehacer teórico (hasta el punto de que no sea posible ver la menor correspondencia entre el que en otro tiempo tuvo y su invitación turístico-cultural al novelista inglés Graham Greene), la entrada en la política activa de un genuino intelectual como Ignacio Sotelo es para mí un experimento apasionante, que no sé a dónde abocará.

Por de pronto encontré significativo el hecho de que cuando presentamos, hace unos pocos meses, su muy buen libro *El socialismo democrático*,[2] el autor consumiese la mayor parte de su tiempo en, por decirlo así, «disculparse» de que, teniendo una vocación intelectual, sobre la que no cabe duda, se haya dedicado a la política activa, encuadrado en el aparato ejecutivo de un partido. Dentro del libro y moviéndose en el plano teórico, distingue, a mi juicio acertadamente, una tercera vía, la del «socialismo democrático», entre las dos del marxismo y la socialdemocracia. Estoy convencido con él de que la forma actual entre nosotros del marxismo político, el eurocomunismo, no ha asumido la historia que tiene detrás de una manera plenamente autocrítica. Lo que no veo tan claro es su valoración negativa de esta *ambigüedad* que, según pienso, es constitutiva del actual comunismo occidental. Ya no hay marxismo, sino *marxismos*, dice, y con mucha razón. Pero es justamen-

2. Taurus Ediciones, Madrid, 1980.

te esta posibilidad de preservar una independencia doctrinal lo que hace que —él mismo lo reconoce— «hoy en la Europa occidental se constata un renacimiento del marxismo en la universidad y en los medios artísticos e intelectuales». Sí, en efecto, las dificultades que encontraron un Gide o un Sartre para ser comunistas, no digo, de ningún modo, que hayan desaparecido, pero son menores que en sus respectivas épocas, y no es menester planear por encima de la política, como Picasso, para aparecer hoy afiliado, como lo están muchos artistas de vanguardia, al Partido Comunista. La presencia de miembros del PC en actos culturales «liberales» y su participación activa en foros religiosos son ya acontecimientos enteramente normales, e incluso más frecuentes, diría, que las de militantes socialistas. Por otra parte, la semejanza, creciente, entre un asalariado cada vez más psicológicamente burgués y un proletariado cada vez más reformista y menos revolucionario, hace que el miembro del Partido Comunista se sienta fiel y verdadero, y pueda conservar así, más allá de las ambigüedades doctrinales, una (mini)mística visceral, emotiva, militante. Dentro de poco, por no decir que ya, todos los demás partidos políticos parlamentarios lo serán pura y simplemente de cuadros y electores.

Ignacio Sotelo quisiera evitarlo, pero temo que no lo conseguirá. La tercera vía, que él propugna, requeriría que existiese una segunda posición real, la socialdemócrata. ¿Existe? A mi juicio, no. La fracción así denominada dentro de UCD, o es simplemente social-liberal o admitiendo, a los efectos de la discusión, que estuviera representa-

da por el grupúsculo de Francisco Fernández Ordóñez y sus seguidores, carece de *stamina*, carece
de fibra y empeño para tal menester.

Así pues, el espacio político reservado a la socialdemocracia, realmente vacío hoy, pese a las
propuestas de Sotelo, tendrá que ser ocupado (ya
lo está siendo) por el PSOE. La «tercera vía» es,
hoy por hoy, en el marco de las actuales estructuras de poder-oposición y de la burocratización
intrínseca a los grandes y centralizados partidos
políticos, extrapartidista: democracia concebida
como incesante proceso de democratización, democracia como moral, democracia como tarea de
la razón utópica.

La «clase política» y la nueva sociedad tienen,
a mi entender, poco que ver entre sí, por falta de
comunicación real. Aquélla, en sus líderes, por lo
que se afana, o por lo que ésta piensa que se afana, es, crudamente dicho, por el poder; y en sus
partiquinos, por su desfile como figurantes, en el
cortejo del poder, en la ostentación de sus deva-
luados cargos y en el aumento del gasto público
para la multiplicación de éstos y el aumento de
su retribución. Por el contrario, la gente adulta
está desmoralizada en sus problemas económicos
y en la fiebre de poder seguir gastando sin ahorrar
ni un solo céntimo, que se lo llevaría la trampa.
Y la juventud, totalmente desinteresada de los
«juegos» ni siquiera «prohibidos», escatimada-
mente «permitidos» de la sedicente democracia.

¿Por qué dije antes que, aun cuando temo que
condenado al fracaso, me parece apasionante el
experimento de Ignacio Sotelo? En otra época,
los intelectuales, aun cuando menos de lo que ellos

131

y los antiintelectuales creían, algo tenían que hacer en política. Su voz se oía con atención y respeto en el Parlamento, la disciplina del partido no les amordazaba y el hecho de que fueran elegidos por su nombre y apellidos, y no en razón de figurar en una lista cerrada de la cual no importan a nadie sino las siglas del partido y la «imagen» fabricada de su líder, contribuía, sin duda, a su autoridad moral como diputados. Hoy se ha alcanzado la plena perfección de un sistema electoral cuyas líneas maestras ya fueron previstas por Mariano José de Larra en el artículo «Dios nos asista». En él da cuenta así a su supuesto corresponsal de las elecciones:

> Para que te formes una idea, han sido elegidos los sujetos siguientes:
> Por Barcelona, como llevo dicho, don Juan Álvarez Mendizábal.
> Por Cádiz, don Juan Álvarez Mendizábal.
> Por Gerona, don Juan Álvarez Mendizábal.
> Por Granada, don Juan Álvarez Mendizábal.
> Por Málaga, don Juan Álvarez Mendizábal.
> Por Pontevedra, don Juan Álvarez Mendizábal, etcétera, etc., etc.

Pues ¿qué más da, en efecto, que en las listas figuren tales o cuales nombres, que a nadie le importan, si todo el mundo lee «don Adolfo Suárez» (hasta que la TV del partido no invente otro) o «don Felipe González» (sin segundos, superfluos apellidos ninguno de los dos)?

Si, como imagino, Ignacio Sotelo, desanimado, regresa de lleno a su dedicación intelectual, acabado el «experimento», su caso, después de los de tantos otros, nos confirmará en la convicción de que el intelectual, salvo el que, casi anónimamente, lucha desde la base, no tiene nada que hacer en política. Sí, en cambio, y mucho, *por encima* y *más allá*, *por debajo* y *más acá* de la política. Y así pues, pareciendo que hablamos de otra cosa, hablemos, sin política, de política, lo que está antes y después de ella.

EL PAÍS COMO EMPRESA
E «INTELECTUAL COLECTIVO»

Amando de Miguel ha sido el primero en hacer notar, desde el punto de vista de la sociología del intelectual y su poder, el gran poder que poseyó el *intelectual individual* José Ortega y Gasset, gracias a su talento, por supuesto, pero también al medio sociocultural que, desde su infancia, le rodeó y a los poderosos instrumentos de *industria cultural* —el diario *El Sol*, la Editorial Espasa-Calpe, por entonces la más avanzada de España, la *Revista de Occidente* y su propia editorial— que tuvo a su servicio.

Las profecías no suelen cumplirse sino a medias. La de Gramsci (y Togliatti) de que el Partido Comunista estaba llamado a ser el *Príncipe* (Maquiavelo) y, título más concretamente referido a nuestro tema, el *intelectual colectivo* de nuestro tiempo, se intentó cumplir en nuestro país, por el llamado Movimiento, a través de la revista *Escorial*, la Editora Nacional y otros órganos de menor importancia cultural. Pero el falangismo no pudo imponerse culturalmente y, durante el franquismo, la auténtica vida intelectual, salvo alguna empresa novedosa y juvenil —pienso, sobre todo, en la Editorial Seix Barral—, transcurrió por las vías, plurales, de los editores y de las revistas más o menos resistentes al franquismo. Entretanto, la recién creada empresa de *El País*, cuyo presidente fue, desde su iniciación, José Ortega Spottorno, y cuyos fundadores fueron todos, creo, orteguianos puros, esperaba su hora, es decir, su autorización. Llegada ésta, en los seis años que han pasado, y cumpliendo a su modo la profecía antes mencionada, ha llegado a ser el *intelectual colectivo-empresarial* de la España postfranquista.

El País procede pues, sin la menor duda, del orteguismo. Pero representa un orteguismo mucho más sociológico que ideológico, orteguismo asumido y, a la vez, superado. El *poder periodístico*, muy justamente, tiende a estar en manos de quienes efectivamente hacen el periódico, y no de sus propietarios. Esta fusión de poder periodístico y poder intelectual colectivo es inédita en España. *El Sol* tuvo reducidísima tirada y sólo gracias a la publicación empresarial conjunta de otro diario, nada intelectual, pudo sostenerse. *El País*, dentro de nuestra escasa densidad de población lectora, se lee en la totalidad de España, sólo comparablemente a como se lee *La Vanguardia* en Cataluña. Y su *vigencia* es mucho mayor que su lectura. En cuanto a su independencia, me parece mejor acreditada que con ninguna otra prueba, con la de la contradicción de las acusaciones que se le hacen: inclinarse hacia el PSOE, hacerlo hacia la fracción socialdemócrata de UCD, ser criptocomunista. (Sí, por increíble que parezca, también se dice.)

¿Cuál es el secreto del triunfo de *El País*? En primer lugar, ya lo he dicho, la herencia, sólo aceptada a beneficio de inventario, del orteguismo

y del prestigio sociocultural, ahora relativamente
democratizado, que aquél tuvo en su tiempo. Inmediatamente después, según me parece, la autoridad de que goza, por su buen sentido crítico
para todo lo que deba ser criticado, laicidad, buena calidad literaria, en general, del lenguaje, en
contraste flagrante con la impersonalidad y vulgaridad —voz de su amo siempre— de casi
todos los demás periódicos. En las colaboraciones
de «Opinión» se encuentran las mejores firmas de
la actualidad y escritores puros, tales como Juan
Benet, Agustín García Calvo y Rafael Sánchez Fer-
losio envían sus contribuciones cuando piensan
que tienen algo periodísticamente que decir, y el
último también remite no infrecuentes «Cartas al
director». La controvertida firma de Fernando Sa-
vater es habitual. Colaboramos asiduamente los
seniores, Laín, Tovar, García Sabell, Marías, yo
mismo, Sopeña, Vidal-Beneyto y otros muchos,
como ellos, menos viejos que nosotros. La «derecha civilizada» —Areilza, Fraga— cuando tiene
algo que decir de interés general y no exclusivamente para su clientela, lo dice desde *El País*. La
«derecha civilizadora» y abierta, representada
ejemplarmente por Senillosa, siempre. Jesús Agui-
rre, cuando no firma como Duque, también escri-
be en *El País*. La que, continuando con el mismo
juego de expresiones, podríamos llamar «derecha
eclesiástica civilizada» —Patino, Olegario González de Cardedal— también. Pero con su colaboración pasamos ya a la «Tribuna libre» que es, verdaderamente, la tribuna para todo aquel que quiere dirigirse al país (si es que consigue su publicación, lo que, sin duda por exceso de original, no

siempre ocurre), y en especial para los políticos. Renglón especial merece la izquierda eclesiástica: Llanos, Díez-Alegría, González Ruiz, Caffarena, ahora encargado de la sección religiosa, Manuel Reyes Mate y, siempre que quieren decir algo colectivamente, los jóvenes teólogos avanzados lo dicen en *El País* y desde *El País*. Hay también, por qué no decirlo, colaboradores habituales, supongo que por compromiso, que carecen de interés. Y, por supuesto, colaboradores «de provincias» (expresión que, espero, caiga en desuso), aun cuando menos de los que yo quisiera.

Y hay, lo que dota de expresividad y fuerza de atracción a las densas páginas del diario, las nuevas «estrellas». Máximo y Peridis, como revelaciones, en el nuevo régimen, del humor gráfico: Máximo subrayando lo que éste sigue teniendo de post-*franquismo* y Peridis, al revés, poniendo de relieve su lado *post*-franquista. Y en el plano de la escritura, Francisco Umbral destacadamente y, haciendo un periodismo original y de gran calidad, Juan Cueto, Rosa Montero, Manuel Vicent, J. M. Ullán. Con Rosa Montero, las otras entrevistadoras, que podemos considerar sus discípulas, los entrevistadores y autores de reportajes y, en fin, la sección cultural, desdoblada en «Artes» y «Libros». Supongo que es ésta la que, por inevitable exclusión de muchos y por excesiva inclusión de algunos, genera la más de las irritaciones, irritaciones que constituyen buen reconocimiento de la vigencia cultural de este periódico. Reconocimiento, sin embargo, exagerado, al menos desde el punto de vista que quienes así se manifiestan, pues el lugar adecuado para escritores del estilo

137

y significado de Fernando Sánchez Dragó y otros, es mucho más *Diario 16* que *El País*. Personalmente pienso que *Diario 16*, donde yo mismo he colaborado, dejando aparte su insuficiente transparencia ideológica, representa un tipo de periodismo muy ágil, vivo y moderno, a imagen de los *media* y en competencia con ellos, de lectura fácil y de reportajes, sobre todo a partir del 24 de febrero, excelentes en su género.

Ya he dicho y repetido que *El País* continúa el modelo de la empresa cultural orteguiana. Ahora bien, en la *Revista de Occidente* se adelantaban capítulos de libros que iban a ser publicados en su editorial o por Espasa, y *El Sol* prepublicó libros enteros de Ortega. Que en la *cultura-espectáculo* propia de nuestro tiempo, cada publicación, perteneciente total o parcialmente a la misma empresa, sirva de espejo y escaparate a las otras, viene exigido por la estructura misma de la *industria de la cultura*. No culpemos pues a *El País* de lo que es inherente al neocapitalismo, la sociedad de toda clase de consumos y esa sociedad tecnológica en la que, desde su fundación y ahora más decididamente todavía, con sus nuevas instalaciones de Madrid y Barcelona, ha ingresado plenamente.

No, mi aprensión, de tenerla, iría por otro lado, espero que impertinente e improcedente. Por el de que dejara de ser plenamente un «diario independiente». Espero que siga siendo nada más y nada menos que nuestro gramsciano-neocapitalista intelectual colectivo, la empresa cultural de la España postfranquista.

ÍNDICE

III

CATALUÑA Y ESPAÑA

IV

LITURGIA Y APOCALIPSIS EN EUSKADI

V

EL MILITARISMO Y LA SUPUESTA «MORAL MILITAR»

VI

LOS INTELECTUALES Y LA POLÍTICA

Impreso en el mes de febrero de 1983
en Romanyà/Valls, Verdaguer, 1
Capellades (Barcelona)